前　言

2008年，我们出版了《初级会计仿真实训》。五年来，《初级会计仿真实训》因其实务操作高度仿真、案例设计典型实用等特点受到了广大使用者的欢迎和喜爱。为了更好地满足使用者的需求，我们对《初级会计仿真实训》进行了修订再版。在修订过程中，我们首先走访、调研了从事会计工作的毕业生，了解他们在工作之初通常所遇到的困难，分析研究高校会计实务教学存在的问题。在此基础上，我们从高校会计学教师、银行管理工作者、企业会计人员的多维角度，共同对2008版《初级会计仿真实训》的内容做了全面梳理，保留了原教材的优点，并对个别内容进行了调整，力求简洁适用；增加了日常工作常用但容易被高校会计教学忽视的实验。修订后的《初级会计仿真实训》具有以下特点：

一、使用的会计凭证、账簿、报表完全采用真票、真账、真表扫描印制而成，实训高度仿真

本实训教材所使用的证、账、表等会计信息载体全部采用真票、真账、真表扫描印制而成，从证、账、表的形式到所承载的内容都与企业实际使用的证、账、表完全相同，使会计的初学者对于证、账、表的认识是真实的，消除了会计教学与会计实务之间的隔阂，避免教学与实务不一致，使参与实训的学生犹如身临会计实务之境。

二、以会计人员工作之初遇到的难点、疑点为实训的重点，帮助初入实务的会计人士尽快进入角色

我们走访从事会计工作的毕业生时发现，他们工作之初的难点主要是对经济活动与原始凭证之间的对应关系没有概念，对原始凭证要素所反映的经济活动认识不清晰，对特定经济活动应该涉及的原始凭证认识不足。比如，某项经济业务的处理究竟涉及哪些原始凭证，这些原始凭证必须具备哪些形式要件等。为了帮助这些会计新人提高正确使用原始凭证的能力，我们增加了“原始凭证的识别”实验，对于工业企业主要经济业务所需要的原始凭证及其内容要素分别进行列示、说明，并对学生进行反复训练，以增强他们对于原始凭证的认知能力；针对企业网上银行和电子申报纳税系统已经广为使用但高校会计教学尚未涉及的实际，我们在原始凭证中增加了网银回单和电子报税回单，增强学生的感性认识；

同时还增加了开立银行结算账户等常见业务的实验训练。

三、实训体例和内容设计合理，便于实务操作

本教材的每项实验均按照实验目的、实验步骤、实验资料、实验要求及考核内容等体例设计，方便教师教学和学生自己训练。记账凭证所依据的原始凭证集中编排在后面并单面印刷，便于装订记账凭证时裁剪、粘附，并保持教材的完整。

本教材具有形式新颖、内容独到、案例典型、体系科学、重点突出、深浅适中等特点，具有较强的可用性。本教材可作为普通教育、职业教育、成人教育等各类本专科的会计实验用教材，也可作为企业会计人员的工作参考用书。

本书由李宝珍、尹文诚、李赵明编著。

在本书编写过程中，借鉴、吸收了国内其他会计实务教材的优秀成果，并到相关企业进行调查研究，在此，我们一并表示感谢。

我们精心著书，但疏漏之处在所难免，诚望广大读者、师生及学界同仁批评指正。

编者

目 录

实验一　银行结算账户的开立

一、实验目的

开立银行结算账户是企业之间进行资金往来结算的起点，是企业进行会计账务处理的首要环节。本实验通过介绍四类银行结算账户的用途、开立程序和所需提供的资料，使学生掌握《开立银行结算账户申请书》的填制，了解开立各类银行账户所需提供的资料，并为后续实验提供模拟企业的基本信息。

二、实验步骤

1. 了解开立银行结算账户的意义

企事业单位及各类组织之间的资金往来必须通过银行办理，开立银行结算账户是企业之间进行资金往来结算的起点。银行结算账户内的收付记录反映了企业资金的往来活动，开立银行结算账户便于银行对企业的经济活动进行监督和控制。因此，各单位的会计人员首先必须学会如何在银行开立结算账户。

银行结算账户是存款人在银行开立的、用于办理资金收付结算的人民币活期存款账户。银行结算账户与储蓄账户不同，储蓄账户的基本功能是存取本金和支取利息，不能办理资金收付。银行结算账户与单位定期存款账户也不同，后者不具有结算功能。

2. 了解银行结算账户的类别

银行结算账户分为单位银行结算账户和个人结算账户。企业所开立的银行结算账户属于单位银行结算账户，是银行对公账户的主体。单位银行结算账户按照用途可以分为基本存款账户、一般存款账户、专用存款账户、临时存款账户。

基本存款账户是企业的主办账户，用于办理日常转账结算和现金收付。企业日常经营活动所涉及的资金收付、工资奖金和现金的支取应通过基本存款账户办理。每一企业只能在银行开立一个基本存款账户。

一般存款账户是企业因借款或其他结算需要，在基本存款账户开户银行以外的银行营业机构开立的银行结算账户。一般存款账户可以办理现金缴存业务，但不得办理现金支取业务。企业的基本存款账户与一般存款账户不得开立在同一个银行营业机构。

专用存款账户是具有特定用途的银行结算账户。法律、行政法规和规章规定，一些特定用途的资金需进行专项管理和使用，需开立专用存款账户。如基本建设资金、更新改造资金、财政预算外资金、证券交易结算资金、粮棉油收购资金、单位银行卡备用金、证券交易结算资金、期货交易保证金、金融机构存放同业资金、收入汇缴资金和业务支出资金、党团工会设在单位的组织机构经费等，均需要专户存放和管理。专用存款账户分为预算单位专用存款账户和非预算单位专用存款账户，企业所开立的专用存款账户属于非预算单位专用存款账户。专用存款账户可用于转账结算或存取现金，但需要按照法律、行政法规和规章的规定办理业务。

临时存款账户是因临时需要并在规定期限内使用而开立的银行结算账户。如设立临时机构、异地临时经营活动、注册验资等，均涉及临时存款账户的开立与使用。临时存款账户支取现金应按照国家现金管理的规定办理。

根据中国人民银行发布的《人民币银行结算账户管理办法》，对于企业基本存款账户、临时存款账户（因注册验资和增资验资开立的除外）、预算单位专用存款账户、另有规定的专用存款账户的开立、变更和撤销实行核准制。

3. 掌握企业开立银行结算账户的基本流程

企业开立银行结算账户的基本流程是：

（1）企业根据生产经营需要，自主确定拟开立结算账户的银行，即开户银行。

（2）企业到开户银行领取《开立银行结算账户申请书》，填写完整并加盖单位公章后，将《开立银行结算账户申请书》及需要提供的证明文件等开户资料送交银行。

（3）开户银行对申请书、相关资料的真实性、完整性、合规性进行审核。遵循“了解你的客户”原则，按照内部管理规定，对企业进行实地入户调查。

（4）对企业调查核实后，开户银行将企业开立账户的相关资料报送到中国人民银行当地分支机构核准或备案。

核准过程如下图所示：

核准类银行结算账户开立流程

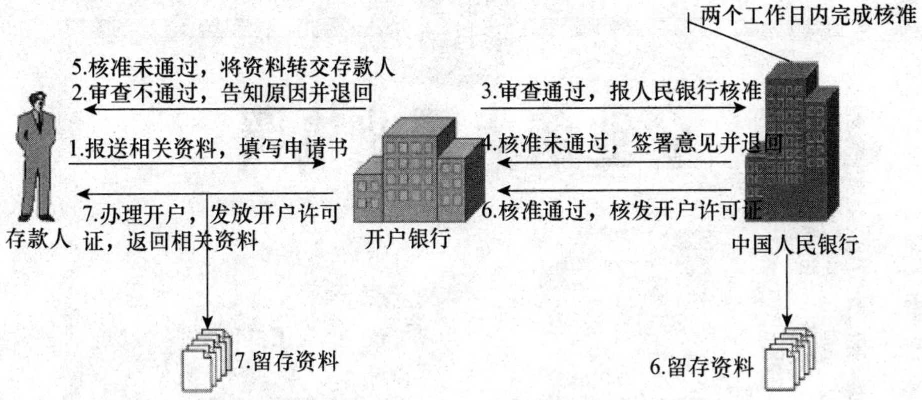

4. 掌握企业开立银行结算账户需要提交的材料

根据银行结算账户的用途和性质，企业需提交不同的开户资料：

申请开立基本存款账户，应向银行出具企业法人营业执照正本、税务登记证、法定代表人身份证明资料。申请通过后，中国人民银行核发开户许可证。

申请开立一般存款账户，应向银行出具企业法人营业执照正本、税务登记证、法定代表人身份证明资料、基本存款账户开户许可证、借款合同或其他结算需要所需的相关证明。

申请开立专用存款账户、临时存款账户，应向银行出具企业法人营业执照正本、税务登记证、法定代表人身份证明资料、基本存款账户开户许可证和有关主管部门批文、批复、相关证明文件等。

5. 填写相关资料

根据提供的实验资料，填列企业基本信息；填写《开立银行结算账户申请书》；说明开立银行结算账户需要提供哪些开户资料。

三、实验资料

以下是北京市欣羽空调有限公司的基础资料。

1. 企业法人营业执照

企业法人营业执照是国家工商行政管理部门为企业颁发的、表明企业具有合法经营权的凭证。营业执照分为正本和副本，二者具有相同的法律效力。正本应当置于公司住所或营业场所的醒目位置，副本一般用于外出办理业务，如办理银行开户许可证、企业组织机构代码证、税务登记证、签订合同等。

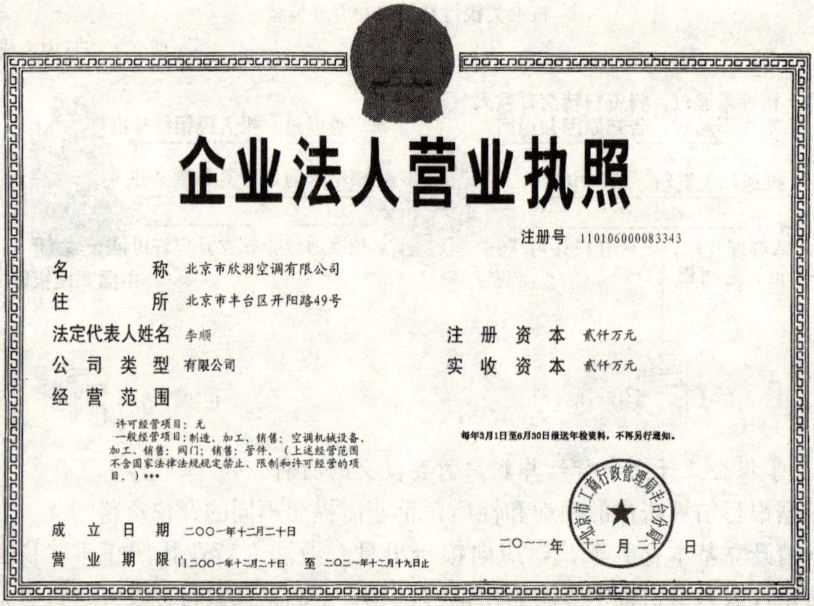

企业法人营业执照

注册号 110106000083343

名　　称 北京市欣羽空调有限公司

住　　所 北京市丰台区开阳路49号

法定代表人姓名 李顺　　注册资本 贰仟万元

公司类型 有限公司　　实收资本 贰仟万元

经营范围

许可经营项目：无

一般经营项目：制造、加工、销售：空调机械设备、加工、销售：阀门；销售：管件、（上述经营范围不含国家法律法规规定禁止、限制和许可经营的项目。）***

每年3月1日至6月30日报送年检资料，不再另行通知。

成立日期 二〇〇一年十二月二十日

营业期限 自二〇〇一年十二月二十日 至 二〇二一年十二月十九日止

二〇一一年 十二 月二十 日

北京市工商行政管理局丰台分局

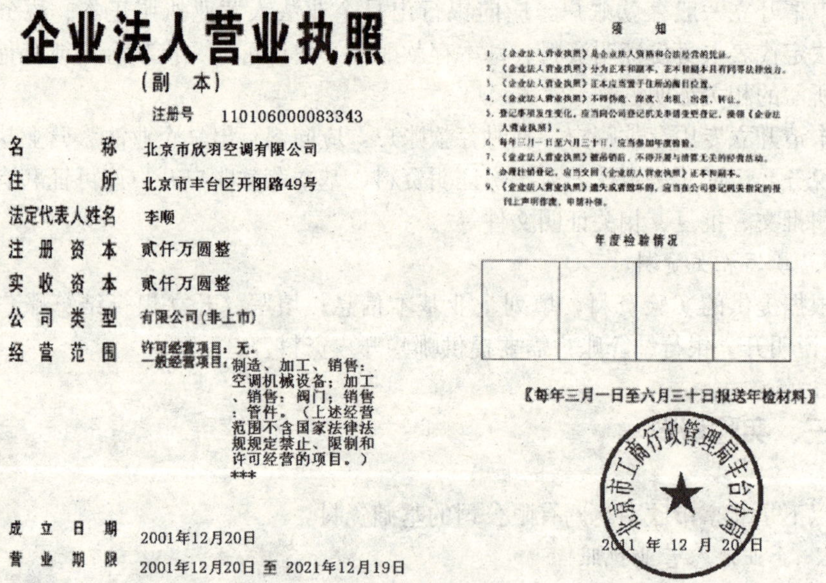

企业法人营业执照

（副　本）

注册号 110106000083343

名　　称 北京市欣羽空调有限公司

住　　所 北京市丰台区开阳路49号

法定代表人姓名 李顺

注册资本 贰仟万圆整

实收资本 贰仟万圆整

公司类型 有限公司(非上市)

经营范围 许可经营项目：无。一般经营项目：制造、加工、销售：空调机械设备；加工、销售：阀门；销售：管件。（上述经营范围不含国家法律法规规定禁止、限制和许可经营的项目。）***

成立日期 2001年12月20日

营业期限 2001年12月20日 至 2021年12月19日

须　知

1. 《企业法人营业执照》是企业法人资格和合法经营的凭证。
2. 《企业法人营业执照》分为正本和副本，正本和副本具有同等法律效力。
3. 《企业法人营业执照》正本应当置于住所的醒目位置。
4. 《企业法人营业执照》不得伪造、涂改、出租、出借、转让。
5. 登记事项发生变化，应当向公司登记机关申请变更登记，换领《企业法人营业执照》。
6. 每年三月一日至六月三十日，应当参加年度检验。
7. 《企业法人营业执照》被吊销后，不得开展与清算无关的经营活动。
8. 办理注销登记，应当交回《企业法人营业执照》正本和副本。
9. 《企业法人营业执照》遗失或者毁坏的，应当在公司登记机关指定的报刊上声明作废，申请补领。

年度检验情况

【每年三月一日至六月三十日报送年检材料】

北京市工商行政管理局丰台分局

2011 年 12 月 20 日

2. 组织机构代码证

组织机构代码证是对在中华人民共和国境内依法注册、依法登记的机关、企事业单位、社会团体和民办非企业单位等机构颁发的、在全国范围内唯一的、始终不变的代码标识，其作用相当于机构的身份证号，是在社会中从事经济活动的通行证。组织机构代码证有效期五年，到期须更换。

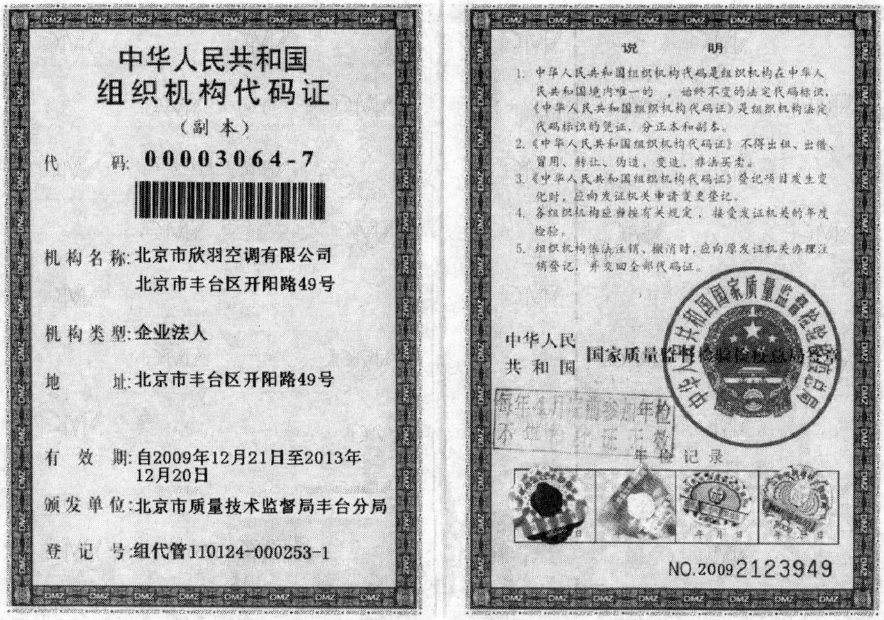

中华人民共和国
组织机构代码证
（副本）

代　码：00003064-7

机构名称：北京市欣羽空调有限公司
北京市丰台区开阳路49号

机构类型：企业法人

地　址：北京市丰台区开阳路49号

有效期：自2009年12月21日至2013年12月20日

颁发单位：北京市质量技术监督局丰台分局

登记号：组代管110124-000253-1

说　明

1. 中华人民共和国组织机构代码是组织机构在中华人民共和国境内唯一的，始终不变的法定代码标识，《中华人民共和国组织机构代码证》是组织机构法定代码标识的凭证，分正本和副本。
2. 《中华人民共和国组织机构代码证》不得出租、出借、冒用、转让、伪造、变造、非法买卖。
3. 《中华人民共和国组织机构代码证》登记项目发生变化时，应向发证机关申请变更登记。
4. 各组织机构应当按有关规定，接受发证机关的年度检验。
5. 组织机构依法注销、撤消时，应向原发证机关办理注销登记，并交回全部代码证。

中华人民共和国　国家质量监督检验检疫总局签发

每年4月底前参加年检
不按期检验证无效

年检记录

NO.2009 2123949

3. 税务登记证

税务登记证是从事生产、经营的纳税人向主管税务机关申报办理税务登记时，税务机关所颁发的登记凭证，是纳税人履行了税务登记义务的书面证明。

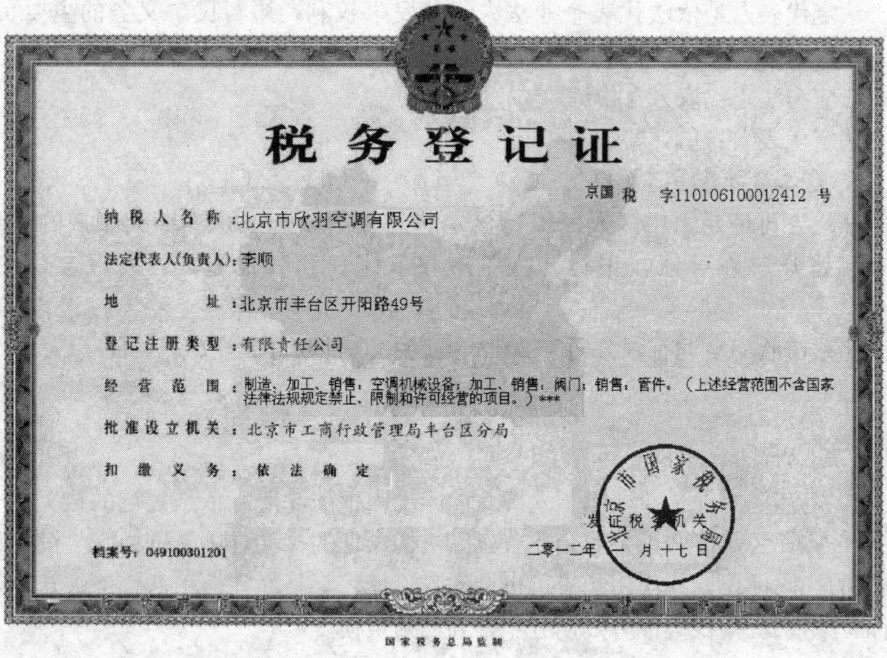

税务登记证

京国税　字110106100012412 号

纳税人名称：北京市欣羽空调有限公司

法定代表人（负责人）：李顺

地　址：北京市丰台区开阳路49号

登记注册类型：有限责任公司

经营范围：制造、加工、销售：空调机械设备；加工、销售：阀门；销售：管件。（上述经营范围不含国家法律法规规定禁止、限制和许可经营的项目。）***

批准设立机关：北京市工商行政管理局丰台区分局

扣缴义务：依法确定

发证税务机关

档案号：049100301201

二零一二年一月十七日

国家税务总局监制

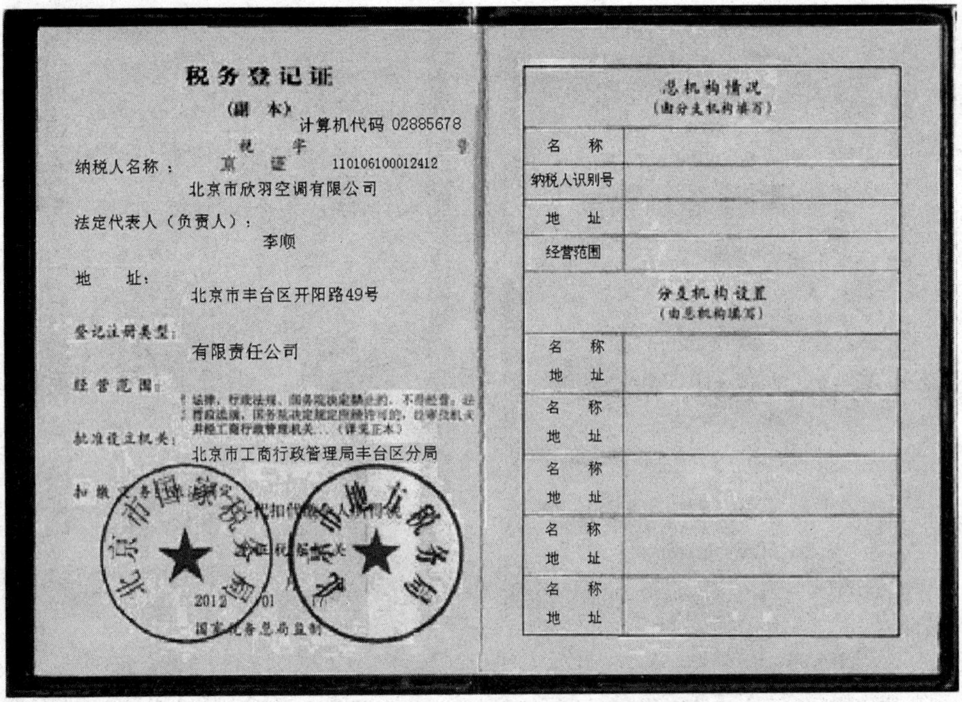

税务登记证

（副本）

计算机代码 02885678

税字号 京证 110106100012412

纳税人名称：北京市欣羽空调有限公司

法定代表人（负责人）：李顺

地　址：北京市丰台区开阳路49号

登记注册类型：有限责任公司

经营范围：……（详见正本）

批准设立机关：北京市工商行政管理局丰台区分局

2012 01 17

国家税务总局监制

总机构情况（由分支机构填写）	
名　称	
纳税人识别号	
地　址	
经营范围	
分支机构设置（由总机构填写）	
名　称 地　址	
名　称 地　址	
名　称 地　址	
名　称 地　址	
名　称 地　址	

4. 法定代表人身份证明

法定代表人是依法代表企业法人行使民事权利、履行民事义务的主要负责人。一般而言，企业的正职行政负责人为其唯一法定代表人。法定代表人身份证明一般应为法定代表人身份证。

法定代表人身份证略。

5. 基本存款账户开户许可证

开户许可证是由中国人民银行核发的一种用以开设基本存款账户的凭证。企业可凭开户许可证在银行开立基本存款账户和其他账户，办理金融往来业务。

北京市欣羽空调有限公司于 2012 年 1 月 20 日取得了开户许可证。

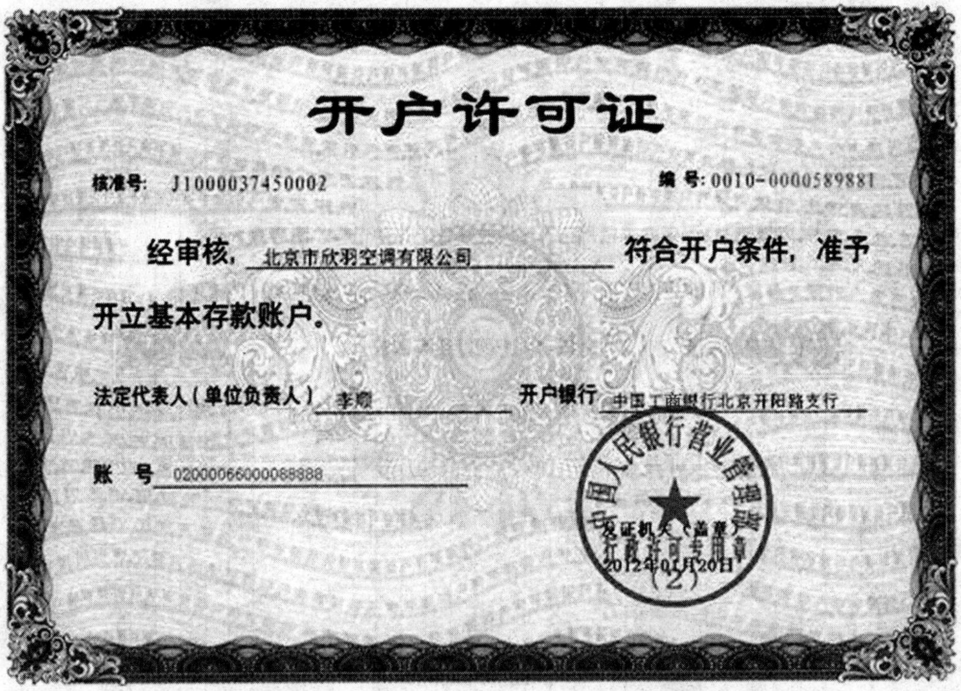

开户许可证

核准号: J1000037450002　　　　编号: 0010-0000589881

经审核，北京市欣羽空调有限公司符合开户条件，准予开立基本存款账户。

法定代表人（单位负责人）李[illegible]　　开户银行 中国工商银行北京开阳路支行

账　号 02000066000088888

中国人民银行营业管理部
发证机关（盖章）
行政许可专用章
2012年01月20日
（2）

此外，北京市欣羽空调有限公司于 2012 年 4 月 15 日在中国工商银行右安门外支行开立了一个结算账户，该账户为一般存款账户，账号为 02000096999999999，用于企业的借款结算和日常转账结算。该公司的电话号码为 010—83559999。

四、实验要求及考核内容

1. 根据上述实验材料，填列该企业如下基本信息：

项目	基本信息
企业名称	
企业工商登记注册号	
纳税人识别号	
企业地址	
企业电话	
基本存款账户及账号	
一般存款账户及账号	

2. 填写《开立银行结算账户申请书》。

ICBC 中国工商银行 开立单位银行结算账户申请书

№ 00231842

存款人名称				电 话	
地 址				邮 编	
存款人类别			组织机构代码		
法定代表人（ ）	姓 名				
单位负责人（ ）	证件种类		证件号码		
行业分类	A（ ）B（ ）C（ ）D（ ）E（ ）F（ ）G（ ）H（ ）I（ ）J（ ） K（ ）L（ ）M（ ）N（ ）O（ ）P（ ）Q（ ）R（ ）S（ ）T（ ）				
注册资金			地区代码		
经营范围					
证明文件种类			证明文件编号		
税务登记证（国税或地税）编号					
关联企业	关联企业信息填列在“关联企业登记表”上				
账户性质	基本（ ） 一般（ ） 专用（ ） 临时（ ）				
资金性质			有效日期至	年 月 日	
上市公司标识	境内上市（ ） 境外上市（ ） 境内外上市（ ）				
企业性质	是否本国企业	是（ ） 否（ ）			
	跨国企业（ ） 集团企业（ ） 进出口贸易企业（ ）				

以下为存款人上级法人或主管单位信息：

上级法人或主管单位名称				
基本存款账户开户许可证核准号			组织机构代码	
法定代表人（ ） 单位负责人（ ）	姓 名			
	证件种类			
	证件号码			

存款人其他信息：

法定代表人	姓 名		证件种类	
	证件号码			
	固定电话		手 机	
单位负责人	姓 名		证件种类	
	证件号码			
	固定电话		手 机	

第一联 开户网点留存

财务主管人	姓　名		证件种类				
	证件号码						
	固定电话		手　机				
账户性质	经常项目外汇账户（　）		资本项目外汇账户（　）		特殊外汇账户（　）		集团二级账户（　）
外汇账户	账户最高限额		不同币种限额分配				
	公司注册地	一般经济区（　）	保税区（　）	出口加工区（　）	钻石交易所（　）		
代码类型	0、组织机构代码证书；　1、营业执照；　2、行政机关；　3、社会团体；　4、军队； 5、武警；　6、下属机构（具有主管单位批文号）；　7、其他						
营业执照号码				有效期至	年　月　日		
是否预留账户密码	是（　）	否（　）	印鉴方式	密码单（　）	图章印鉴（　）	密码器（　）	
是否申请自助服务卡	是（　）	否（　）					
代理人信息	名称		证件种类		证件号码		
申请注册电子银行（网上银行、电话银行）请选择或填写以下信息：							
□申请网上银行：	□证书版	□普及版	□申请电话银行：	□语音查询	□传真反馈		
普通卡证书信息	联系人		证件种类		证件号码		
基本权限证书	证件种类		证件号码		证书ID		
	向任意账号付款：□同意□不同意		批量付款：□同意□不同意	操作权限	□可查询□可转出□可转入□可理财		
	限额	大写：		小写：¥			
授权权限证书	证件种类		证件号码		证书ID		
	限额	大写：	小写：¥		操作权限	□可查询□可授权□可理财	
公转私支付限额	单笔限额 ¥		日累计限额 ¥		月累计限额 ¥		
其他申请事项							

以下栏目由开户银行审核后填写：

开户银行名称		开户银行代码	
账户名称		账　号	
基本存款账户开户许可证核准号		开户日期	

本存款人申请开立单位银行结算账户，并承诺所提供的开户资料真实、有效。 存款人（公章） 年　月　日	开户银行审核意见： 经办人（签章） 银行（签章） 年　月　日	人民银行审核意见： （非核准类账户除外） 经办人（签章） 人民银行（签章） 年　月　日

210×285　银博　2011年3月版

填写时请阅读背面的“填写说明”。

填写说明

1. 申请开立临时存款账户，必须填列有效日期；申请开立专用存款账户，必须填列资金性质。
2. 该行业标准由银行在营业场所公告。“行业分类”中各字母代表的行业种类如下：A：农、林、牧、渔业；B：采矿业；C：制造业；D：电力、燃气及水的生产和供应业；E：建筑业；F：交通运输、仓储和邮政业；G：信息传输、计算机服务及软件业；H：批发和零售业；I：住宿和餐饮业；J：金融业；K：房地产业；L：租赁和商务服务业；M：科学研究、技术服务和地质勘查业；N：水利、环境和公共设施管理业；O：居民服务和其他服务业；P：教育；Q：卫生、社会保障和社会福利业；R：文化、体育和娱乐业；S：公共管理和社会组织；T：国际组织。
3. 客户申请注册网上银行证书版的，应填写网上银行基本权限证书和授权权限证书相应信息；客户申请注册网上银行普及版或电话银行的，应填写普通卡证书相应信息。客户申请注册电话银行的，应选择账户查询方式，选择“查询”可通过电话银行语音报读方式查询；选择“传真”可通过银行传真方式查询，选择“传真”的还应在其后填写传真号码，客户申请将多个账户注册电子银行、申领多张证书或开通电子银行其他功能的，应另行填写《中国工商银行电子银行企业客户注册申请表》及相应附表。
4. 网上银行证书信息中的证件信息是指证书使用人的证件信息。类型可以是居民身份证、军官证、警官证、文职干部证、士兵证、户口簿、护照、港澳台同胞回乡证等符合法律、行政法规以及国家有关规定的身份证件，身份证件号码位数不足18位的，在后面补0，直至补满18位。
5. 网上银行证书ID是客户证书的唯一标识，长度最长为16位，只能是英文字母或数字，英文字母和数字可混合使用。每一个使用人身份证件号码与一个客户证书ID名称相对应。
6. 网上银行基本权限证书是指可以在线提交收付款指令、理财指令、票据管理指令的证书，若单笔指令的金额小于或等于其基本限额，则指令当时提交，否则需要授权权限证书授权。基本权限证书选择同意“向任意账户付款”，则表示该证书有权向其他企业或个人的任意账户付款、对收款账户无任何限制；若不同意“向任意账户付款”，则表示该证书只能向本企业或指定的企业外常用账户付款批量付款功能是指可以在线提交批量指令文件完成一笔或多笔指令提交的功能。
7. 网上银行证书操作权限：选择“可查询”，表示证书对此账户具有查询权限；选择“可转入”，表示所选账号可作为电子付款指令的收款方账号；选择“可转出”表示所选账号可作为电子付款指令的付款方账号；选择“可理财”，表示所选账号可作为理财投资业务电子付款指令的付款方账号；“可授权”表示该第二种证书对该账户具有授权权限。“可查询”、“可转入”、“可转出”和“可理财”可以同时选择，也可以单独选择。
8. 申请开户同时注册网上银行的，单位银行结算账户将同时作为电子银行的主申请账户和缴费账户。
9. 申请电子银行的客户设置“公转私支付限额”后，通过网上银行的网上汇款、财务室（付款业务财务室、贵宾室财务室）或贵宾室进行公转私交易的，都要受到该额度的控制。
10. 带括号的选项填“√”。
11. 本申请书一式四联，第一联开户网点留存；第二联中国人民银行当地分支行留存；客户申请注册网上银行的，第三联送电子银行业务代理网点；第四联开户单位留存。

特别提示

对于申请网上银行证书版的客户，客户证书是我行为客户提供的办理网上银行业务的高级别安全工具，可以进行大额网上资金交易，有效防范风险。建议贵单位在申领操作权限客户证书的同时，还申领授权权限客户证书。同时，建议贵单位领取客户证书时，安排2人到我行营业网点分别领取客户证书和密码信封。

存款人其他信息作为银行通过电话方式向贵单位核实财务信息的重要线索，请务必填写完整。申请书填写的字迹要清晰，字迹大小不要超过栏目框。

当地人民银行负责对灰色区域提示的内容进行审批。

3. 说明开立银行结算账户需提供的开户资料。

实验二　原始凭证的识别

一、实验目的

原始凭证是会计核算的依据，准确识别从而正确运用原始凭证是会计信息真实可靠的重要保证，是会计人员的基本功。本实验的任务是训练学生掌握各类经济业务的账务处理需要哪些原始凭证，掌握每种原始凭证的构成要素，提高学生对原始凭证的识别能力。

二、实验步骤

（一）掌握股东以货币形式出资业务所需原始凭证及其构成要素

股东以货币形式出资，会计核算必须具备的原始凭证包括：入资资金凭证、银行贷记转账凭证。

入资资金凭证记载企业股东将认缴的注册资本汇入企业验资账户的情况。企业验资账户专门用于归集企业股东入资，不能用于企业日常经营。入资资金凭证票样如下：

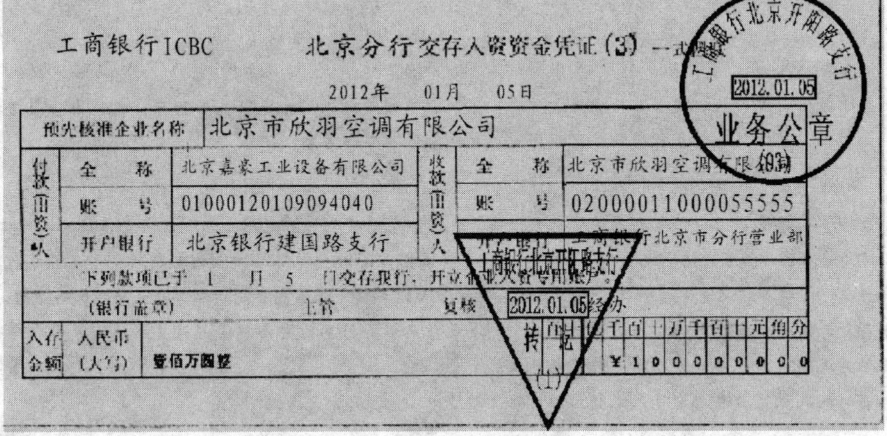

工商银行ICBC　　北京分行交存入资资金凭证（3）

2012年　01月　05日

预先核准企业名称	北京市欣羽空调有限公司			
付款（出资）人 全称	北京嘉豪工业设备有限公司	收款（出资）人 全称	北京市欣羽空调有限公司
账号	0100012010909404O	账号	020000110000555555
开户银行	北京银行建国路支行	开户银行	工商银行北京市分行营业部
下列款项已于 1 月 5 日交存我行，开立企业入资专用账户。			
（银行盖章）	主管	复核	经办
入存金额 人民币（大写）	壹佰万圆整		¥1000000.00

银行贷记转账凭证记载了企业的注册资金从验资账户转入基本存款账户或其他银行结算账户的情况。注册资金转入基本存款账户等银行结算账户之后，就可以用于企业的生产经营。银行贷记转账凭证票样如下：

工商银行 北京市分行 **贷记凭证**　　凭证号码 AA 17053566

3

签发日期（大写）贰零壹贰年 零壹月 零玖 日

付款人	全称	北京市欣羽空调有限公司	收款人	全称	北京市欣羽空调有限公司
	账号	02000011000055555		账号	02000066000088888
	开户银行	工商银行北京市分行营业部		开户银行	工商银行北京开阳路支行

		千	百	十	万	千	百	十	元	角	分
人民币（大写）	壹佰万元整	¥	1	0	0	0	0	0	0	0	0

备注：

复核　　记账

③ 此联作收款人开户行贷方凭证

请学生：

（1）总结上述票样的构成要素。

（2）思考银行贷记转账凭证所反映的经济活动。

（二）掌握向银行借款业务所需的原始凭证及其构成要素

企业向银行借款业务必须具备的原始凭证包括：借款合同、银行入账回单。借款合同票样如下（为节省篇幅，仅截取借款合同的首末部分）：

编号：J1101062012512

流动资金借款合同

（2012年版）

特别提示：本合同系借贷双方在平等、自愿的基础上依法协商订立，所有合同条款均是双方意思的真实表示。为维护借款人的合法权益，贷款人特提请借款人对有关双方权利义务的全部条款、特别是黑体部分内容予以充分注意。

－1－

贷款人：中国工商银行股份有限公司北京开阳路支行

负责人：嘉欣　　　　联系人：郭晓

住所（地址）：＿＿＿＿＿＿＿＿＿＿＿＿＿＿　　邮编：＿＿＿

电话：＿＿＿＿　传真：＿＿＿＿　电子邮件：＿＿＿＿＿＿

借款人：北京市欣羽空调有限公司

法定代表人：李顺　　　　联系人：赵凤玲

住所（地址）：北京市丰台区开阳路49号　　邮编：100069

电话：＿＿＿＿　传真：＿＿＿＿　电子邮件：＿＿＿＿＿＿

借款人、贷款人经平等协商，就贷款人向借款人发放贷款事宜达成一致，特订立本合同。

第一部分　基本约定

第一条　借款用途

本合同项下借款用于下列用途，未经贷款人书面同意，借款人不得将借款挪作他用，贷款人有权监督款项的使用。

借款用途：＿＿＿＿＿＿＿＿＿＿＿＿＿＿＿＿＿＿＿＿

第二条　借款金额和期限

2.1　本合同项下借款币种为人民币，金额为￥1,000,000.00（大写：壹佰万元整）元（大小写不一致时，以大写为准）。

2.2 本合同项下的借款期限为六个月，自实际提款日起算（分次提款的，自首次提款日起算），实际提款日以借据为准。

第三条　利率、利息和费用

3.1　【人民币借款利率确定方式】

人民币借款利率按下列第（1）种方式确定：

（1）固定利率，年利率为5.5%，在合同有效期内利率不变。

（2）浮动利率，借款利率以基准利率加浮动幅度确定，其中基准利率为＿＿＿＿（提款日/合同生效日）与第2.2条约定的借款期限相对应档次的中国人民银行基准贷款利率，浮动幅度为＿＿＿（上

借款人（盖章）：______

法定代表人/授权代理人：______

日期：__2012__年__01__月__12__日

- 17 -

银行入账回单同上笔业务中的贷记凭证，略。

请学生总结上述票样的构成要素。

（三）掌握用银行存款购买设备业务所需原始凭证及其构成要素

用银行存款购买设备业务必须具备的原始凭证包括：支票存根、发票、入库验收单。

支票存根票样如下：

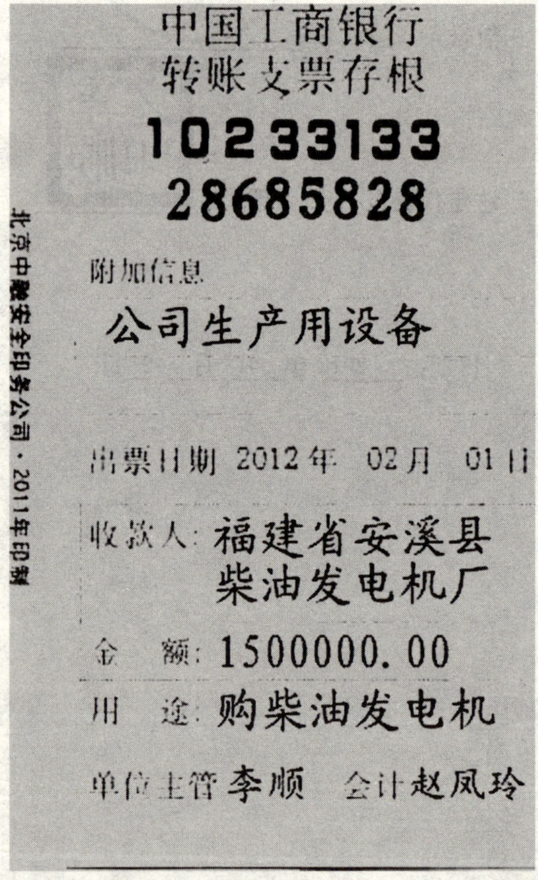
中国工商银行
转账支票存根
10233133
28685828
附加信息
公司生产用设备
出票日期 2012年 02月 01日
收款人：福建省安溪县柴油发电机厂
金 额：1500000.00
用 途：购柴油发电机
单位主管 李顺 会计 赵凤玲
北京中融安全印务公司·2011年印制

普通发票票样如下（假定购买设备取得的是普通发票）：

福建增值税普通发票

发票联

3500113666 № 01736111 3500113666 01736111

校验码 48243 79126 08888 66666

开票日期： 2012年02月02日

购货单位	名称：北京市欣羽空调有限公司 纳税人识别号： 地址、电话： 开户行及账号：				密码区	>721+3-7/6486*914+>0/<16+*2 337246>-86*9>2350-/2+/8>>2- +4790--6>233724/-6995//9/<1 6+*2337246>-80*7*3928<46-*3		
货物或应税劳务名称	规格型号	单位	数量	单价	金额	税率	税额	
康明斯高压柴油发电机组	1200Kw KTA50-G8	台	1	1282051.2821	1282051.2821	17%	217948.7279	
合计					¥1282051.2821		¥217948.7279	
价税合计（大写）	⊗壹佰伍拾万元整				（小写）¥1500000.00			
销货单位	名称：福建省安溪县柴油发电机厂 纳税人识别号：350588888888888 地址、电话：安溪县三村乡旺旺村19号 0595-23456666 开户行及账号：兴业银行厦门旺旺支行129999100100000099				备注	福建省安溪县柴油发电机厂 350588888888888 发票专用章		

收款人：吴建 复核：李河 开票人：李建省 销货单位

第二联：发票联 购货方记账凭证 [redacted]

国税函〔2011〕318号厦门安妮股份有限公司

入库验收单票样如下：

外购财产物资验收单

购置单位：北京市欣羽空调有限公司　　　　购置时间：2012 年 02 月 03 日

名称	品牌	规格	型号	生产厂家	数量	单价	金额(元)	存放地点
柴油发电机	康明斯	1200Kw	KTA50-G8	安溪县柴油发电机厂	1 台	1 500 000.00	1 500 000.00	生产 A 车间

单位资产管理人员（签字）：赵勇　　经手人（签字）：关涛　　验收人（签字）：郎华

请学生总结上述各票票样的构成要素。

（四）掌握赊购原材料业务所需原始凭证及其构成要素

赊购原材料业务需具备的原始凭证包括：增值税专用发票（发票联和抵扣联）、材料入库验收单。

增值税专用发票发票联票样如下：

北京增值税专用发票

1100114620　　发票联　　№ 07470578

校验码 58477 77563 19601 44277　　开票日期：2012年02月15日

购货单位	名　　称：北京市欣羽空调有限公司 纳税人识别号：110106100012412 地 址、电 话：北京市丰台区开阳路49号 010-83559999 开户行及账号：工商银行北京右安门外支行 0200009699999999999			密码区	5+5/62<+9/*2888>9>5<9 945104*9/5*26++>/398/ 0244>--6>0+>194-45104 4<15<*45104-+2888>>26	加密版本：01 1100114620 07470578	
货物或应税劳务名称	规格型号	单位	数量	单价	金额	税率	税额
铜锭	1#铜	吨	5	52000.00	260000.00	17%	44200.00
合　计							
价税合计（大写）	⊗叁拾万零肆仟贰佰元整				（小写）¥304200.00		
销货单位	名　　称：北京五星金属贸易有限公司 纳税人识别号：110108101379888 地 址、电 话：北京市海淀区苏家坨镇阳台村3号 010-56789012 开户行及账号：建设银行北京海淀支行 1350007766666666			备注			

收款人：　　复核：　　开票人：陈明　　销货单位：（章）

第二联：发票联 购货方记账凭证

国税函〔2011〕318号北京至美数码防伪印务有限公司

（印章：全国统一发票监制章 北京 国家税务局监制）

（印章：北京五金金属贸易有限公司 110108101379888 发票专用章）

增值税专用发票进项税抵扣联票样如下：

北京增值税专用发票

1100114620　　　　抵扣联　　　　№ 07470578

校验码 58477 77563 19601 44277　　　　开票日期：2012年02月15日

购货单位	名　　称：北京市欣羽空调有限公司 纳税人识别号：110106100012412 地 址、电 话：北京市丰台区开阳路49号 010-83559999 开户行及账号：工商银行北京右安门外支行 0200009699999999999	密码区	5+5/62<+9/*2888>9>5<9 945104*9/5*26++>/398/ 0244>--6>0+>194-45104 4<15<*45104-+2888>>26 加密版本：01 1100114620 07470578

货物或应税劳务名称	规格型号	单位	数量	单价	金额	税率	税额
铜锭	1#铜	吨	5	52000.00	260000.00	17%	44200.00
合　计							
价税合计（大写）	⊗叁拾万零肆仟贰佰元整				（小写）￥304200.00		

销货单位	名　　称：北京五星金属贸易有限公司 纳税人识别号：110108101379888 地 址、电 话：北京市海淀区苏家坨镇阳台村3号 010-56789012 开户行及账号：建设银行北京海淀支行 13500077666666666	备注	

收款人：　　复核：　　开票人：陈明　　销货单位：（章）

第三联：抵扣联　购货方扣税凭证

国税函〔2011〕318号北京至美数码防伪印务有限公司

（印章：全国统一发票监制章　北京　国家税务局监制）

（印章：北京五金金属贸易有限公司　110108101379888　发票专用章）

材料验收入库单票样如下：

材料来源
外购

材料验收入库单

供应单位：北京五星金属贸易有限公司　　2012年02月16日

发 票 号：＿＿＿＿＿＿　　字第03号

材料类别	材料名称	规格材质	计量单位	数量	实收数量	单价	余额							
							十	万	千	百	十	元	角	分
金属类原料	铜锭	电解铜锭	吨	5	5	52 000.00	2	6	0	0	0	0	0	0
检验结果：合格		检验员签章：赵勇		运杂费										
				合计			2	6	0	0	0	0	0	0
备注：														

仓库主管　　材料会计　　收料员　王明　　经办人　　制单　佳丽

请学生总结上述票样的构成要素。

（五）掌握领料业务所需原始凭证及其构成要素

领用材料的账务处理必须具备的原始凭证为领料单。

领料单票样如下：

领料部门 生产部门

生产通知单号别

领 料 单

2012 年 03 月 01 日

字第 01 号

领料用途：生产				制造数量：10											制品名称：I 型空调
编号	品名	规格	单位	请领数量	实发数量	单价	金额								备注
							十	万	千	百	十	元	角	分	
	电解铜锭		公斤	1 000	1 000	60.84		6	0	8	4	0	0	0	
															已领
附件			张	合计			¥	6	0	8	4	0	0	0	

第一联 存根

主管　会计　记帐　发料　领料 兴华　制单 佳丽

领讫日期	月	日
	3	1

请学生总结上述票样的构成要素。

（六）掌握计提折旧业务所需原始凭证及其构成要素

计提折旧业务必须具备的原始凭证为折旧计算表。

折旧计算表票样如下：

固定资产折旧计算表

生产车间　　　　2012 年 3 月　　　　单位：元

固定资产类别	折旧率	上月计提		上月增加		上月减少		本月应提	
		原价	折旧额	原价	折旧额	原价	折旧额	原价	折旧额
房屋	2.5‰	250 000	625	54 000	135	—	—	304 000	760
机器设备	5‰	370 000	1 850	80 000	400	24 000	120	426 000	2 130
合计		620 000	2 475	134 000	535	24 000	120	720 000	2 890

请学生总结各票票样的构成要素。

（七）掌握产成品入库业务所需原始凭证及其构成要素

产成品入库业务必须具备的原始凭证为产成品入库单。

产成品入库单票样如下：

来源
自制

空调 验收入库单

2012 年 02 月 09 日

供应单位：________

发 票 号：________

字第 55 号

材料类别	材料名称	规格材质	计量单位	数 量	实收数量	单 价	金额 十	万	千	百	十	元	角	分
空调	Ⅰ型单冷		台	200	200	2 130.00	4	2	6	0	0	0	0	0
检验结果：		检验员签章：		合 计			4	2	6	0	0	0	0	0
备注：														

北京市欣羽空调有限公司 2012.02.09 验收无误

仓库主管　　材料会计　　收料员 王明　　经办人　　制单 王明

请学生总结上述票样的构成要素。

（八）掌握通过网银支付水电费业务所需原始凭证及其构成要素

通过网银支付水电费业务必须具备的原始凭证为网银转账凭证。

网银转账票样如下：

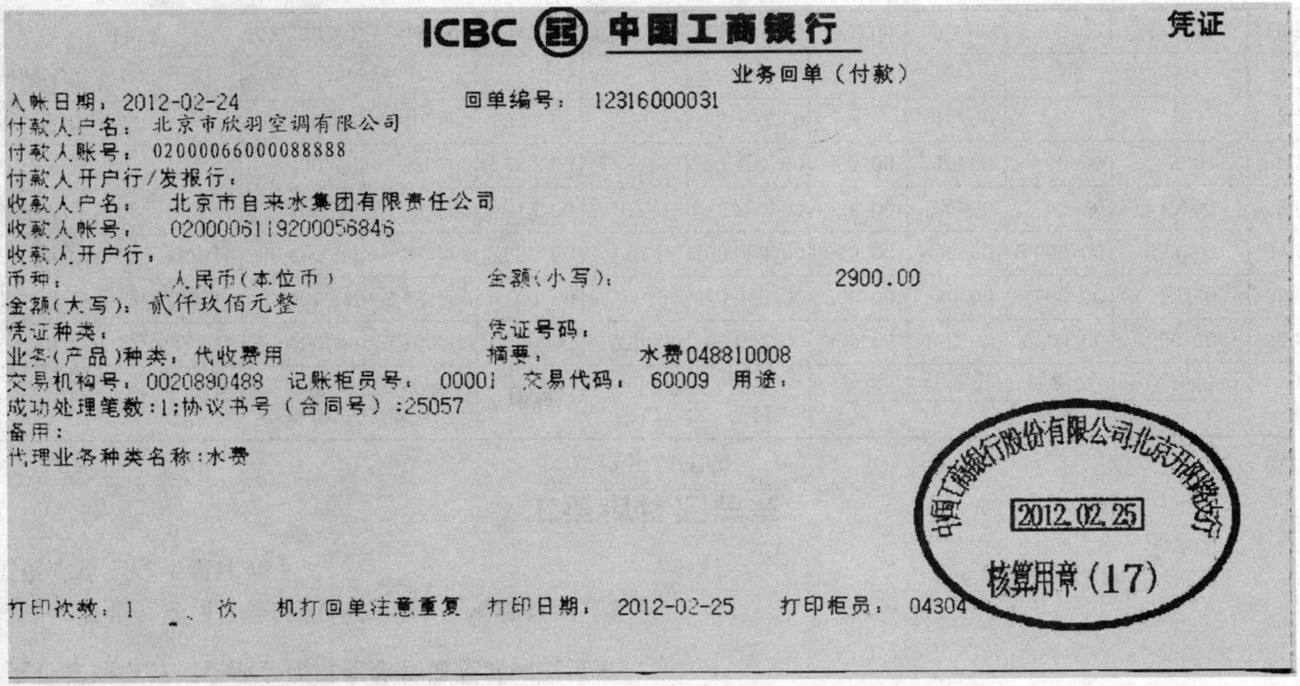

ICBC 中国工商银行　　凭证

业务回单（付款）

入帐日期：2012-02-24　　回单编号：12316000031

付款人户名：北京市欣羽空调有限公司

付款人账号：02000066000088888

付款人开户行/发报行：

收款人户名：北京市自来水集团有限责任公司

收款人帐号：0200006119200056846

收款人开户行：

币种：人民币（本位币）　　金额（小写）：2900.00

金额（大写）：贰仟玖佰元整

凭证种类：　　凭证号码：

业务（产品）种类：代收费用　　摘要：水费048810008

交易机构号：0020890488　记账柜员号：00001　交易代码：60009　用途：

成功处理笔数：1;协议书号（合同号）:25057

备用：

代理业务种类名称：水费

打印次数：1　次　机打回单注意重复　打印日期：2012-02-25　打印柜员：04304

中国工商银行股份有限公司北京开阳路支行　2012.02.25　核算用章（17）

请学生总结上述票样的构成要素。

（九）掌握核算工资业务所需原始凭证及其构成要素

核算工资业务必须具备的原始凭证为工资结算汇总表。

工资结算汇总表票样如下：

工资结算汇总表

2012 年 02 月份

单位：元

车间、部门		基本工资	综合奖金	津贴	缺勤工资	应付工资	代扣款项				实发工资
							房租	托儿费	储蓄款	个人所得税	
车间生产人员	生产Ⅰ型产品	53 000.00	6 100.00	1 750.00	850.00	60 000.00	390.00	160.00	3 000.00	586.00	55 864.00
	生产Ⅱ型产品	35 600.00	3 480.00	1 200.00	280.00	40 000.00	260.00	80.00	500.00	72.00	39 088.00
	生产人员工资小计	88 600.00	9 580.00	2 950.00	1 130.00	100 000.00	650.00	240.00	3 500.00	658.00	94 952.00
车间管理人员		7 100.00	890.00	312.00	102.00	8 200.00	56.00	20.00	50.00	10.00	8 064.00
厂部管理人员		6 300.00	720.00	380.00	—	7 400.00	50.00	15.00	50.00	9.00	7 276.00
专设销售机构人员		2 100.00	400.00	300.00	—	2 800.00	—	15.00	—	—	2 785.00
长期病假人员		3 200.00	—	—	—	3 200.00	78.00	—	—	—	3 122.00
合计		107 300.00	11 590.00	3 942.00	1 232.00	121 600.00	834.00	290.00	3 600.00	677.00	116 199.00

制表：王红　　审核：李明　　批准：李顺

请学生总结上述票样的构成要素。

（十）掌握销售商品收到款项业务所需原始凭证及其构成要素

销售产品收到款项业务必须具备的原始凭证包括：增值税专用发票记账联、转账支票、银行进账单三联。增值税专用发票记账联票样如下：

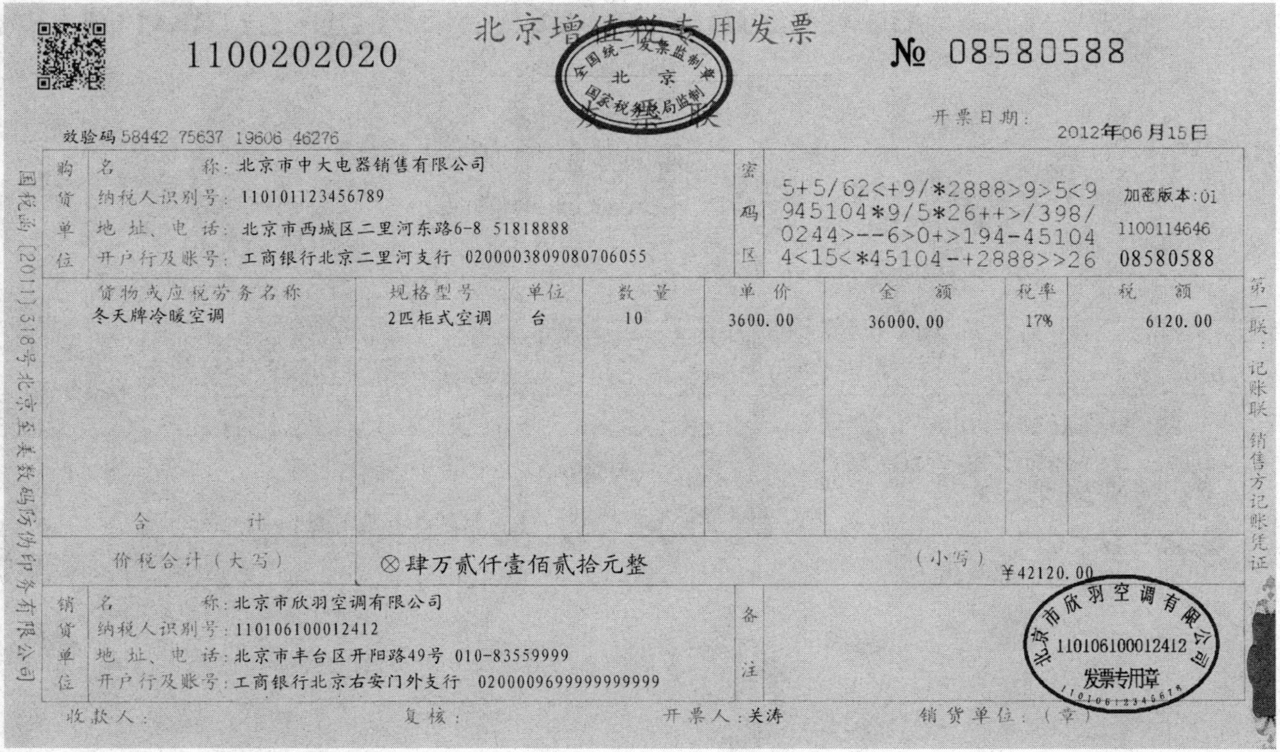

北京增值税专用发票

1100202020 　　№ 08580588

开票日期：2012年06月15日

校验码 58442 75637 19606 46276

购货单位	名称：北京市中大电器销售有限公司 纳税人识别号：110101123456789 地址、电话：北京市西城区二里河东路6-8 51818888 开户行及账号：工商银行北京二里河支行 0200003809080706055			密码区	5+5/62<+9/*2888>9>5<9 945104*9/5*26++>/398/ 0244>--6>0+>194-45104 4<15<*45104-+2888>>26		加密版本：01 1100114646 08580588
货物或应税劳务名称	规格型号	单位	数量	单价	金额	税率	税额
冬天牌冷暖空调	2匹柜式空调	台	10	3600.00	36000.00	17%	6120.00
合计							
价税合计（大写）	⊗肆万贰仟壹佰贰拾元整				（小写）￥42120.00		
销货单位	名称：北京市欣羽空调有限公司 纳税人识别号：110106100012412 地址、电话：北京市丰台区开阳路49号 010-83559999 开户行及账号：工商银行北京右安门外支行 0200009699999999999			备注			

收款人： 　复核： 　开票人：关涛 　销货单位：（章）

第一联：记账联 销售方记账凭证

国税函〔2011〕318号北京至美数码防伪印务有限公司

转账支票票样如下：

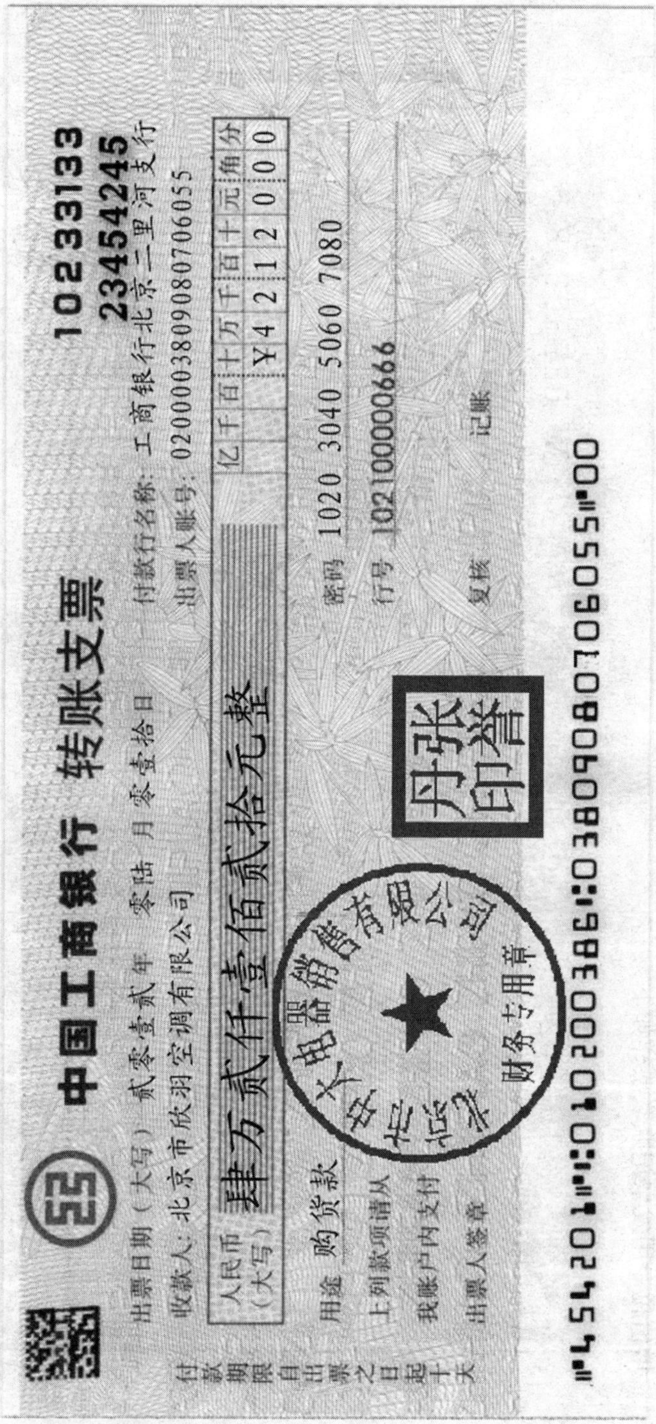

中国工商银行 转账支票 10233133 23454245

付款期限自出票之日起十天

出票日期（大写） 贰零壹贰年 零陆 月 零壹拾 日 付款行名称：工商银行北京二里河支行

收款人：北京市欣羽空调有限公司 出票人账号：0200003809080706055

人民币（大写）	亿	千	百	十	万	千	百	十	元	角	分
肆万贰仟壹佰贰拾元整				¥	4	2	1	2	0	0	0

用途 购货款 密码 1020 3040 5060 7080

上列款项请从 我账户内支付 行号 102100000666

出票人签章 复核 记账

天津长安电器销售有限公司 财务专用章

张丹印

454201 010200386 0380908070 6055 00

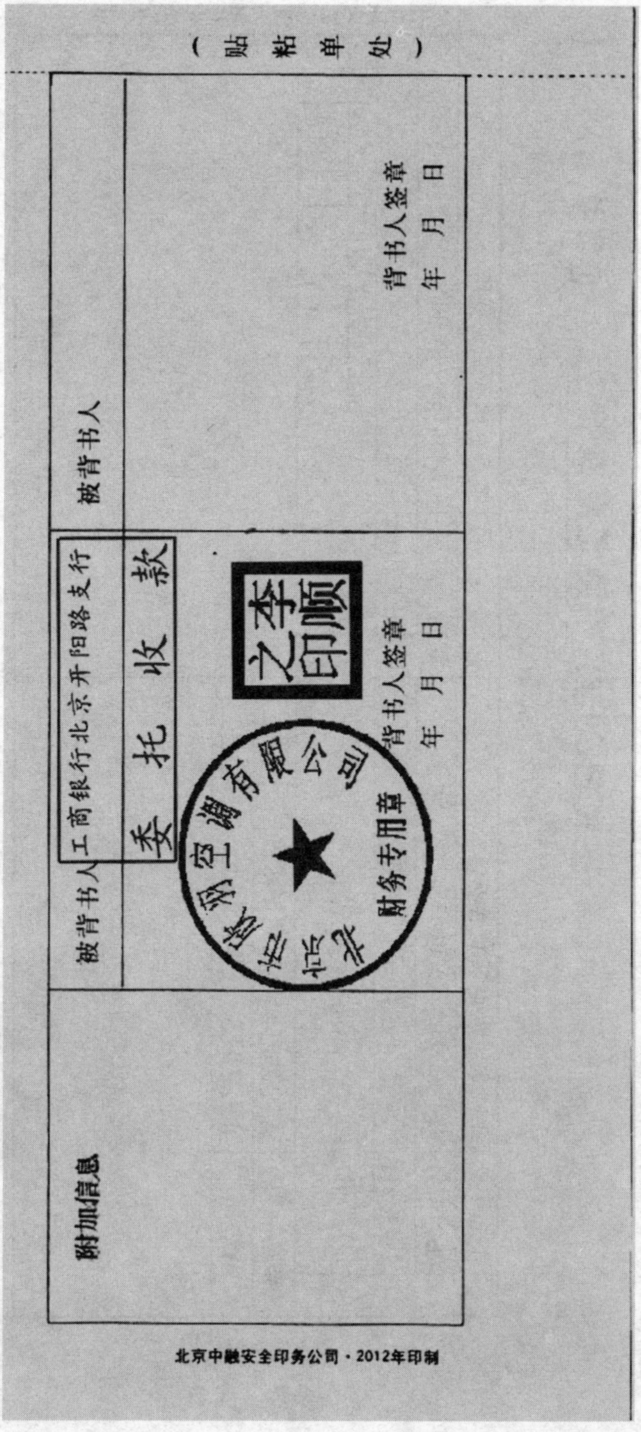

附加信息

被背书人 工商银行北京开阳路支行 委托收款

李顺之印

财务专用章

背书人签章
年　月　日

被背书人

背书人签章
年　月　日

（贴粘单处）

北京中融安全印务公司·2012年印制

银行进账单三联票样分别如下：

ICBC 中国工商银行　　进账单（贷方凭证）1

2012 年 06 月 15 日

出票人	全称	北京市中大电器销售有限公司	收款人	全称：北京市欣羽空调有限公司
	账号	0200003809080706055		账号：0200009699999999
	开户银行	工商银行北京二里河支行		开户银行：工商银行北京右安门外支行
金额	人民币（大写）	肆万贰仟壹佰贰拾元整		亿 千 百 十 万 千 百 十 元 角 分：¥ 4 2 1 2 0 0 0
票据种类	转账支票	票据张数 1		
票据号码	10233133 23454245			
备注：中大电器销售有限公司购空调款				复核：　　记账：

此联由收款人开户银行作贷方凭证

175×85 银博

ICBC 中国工商银行　进账单（回　单）2

2012年　06月　15日

出票人	全　称	北京市中大电器销售有限公司	收款人	全　称	北京市欣羽空调有限公司
	账　号	0200003809080706055		账　号	020000969999999999
	开户银行	工商银行北京二里河支行		开户银行	工商银行北京右安门外支行
金额	人民币（大写）	肆万贰仟壹佰贰拾元整			

亿	千	百	十	万	千	百	十	元	角	分
			¥	4	2	1	2	0	0	0

票据种类	转账支票	票据张数	1
票据号码	10233133 23454245		

中大电器销售有限公司购空调款

复核：　　　　记账：　　　　开户银行签章

此联是开户银行交给持（出）票人的回单

175×85　银博

ICBC 中国工商银行　　进账单（收账通知）3

2012年06月15日

出票人	全称	北京市中大电器销售有限公司	收款人	全称	北京市欣羽空调有限公司
	账号	0200003809080706055		账号	0200009699999999
	开户银行	工商银行北京二里河支行		开户银行	工商银行北京右安门外支行
金额	人民币（大写）	肆万贰仟壹佰贰拾元整		亿千百十万千百十元角分	¥4212000
票据种类	转账支票	票据张数	1		
票据号码	10233133 23454245				
中大电器销售有限公司购空调款				收款人开户银行签章	
复核：	记账：				

此联是收款人开户银行交给收款人的收账通知

175×85 三联

请学生总结上述票样的构成要素。

（十一）掌握结转已售产品成本业务所需原始凭证及其构成要素

结转已售产品成本业务所需原始凭证为产成品出库单。

产成品出库单票样如下：

北京市欣羽空调有限公司

出库单　　No

2012 年 07 月 08 日

序号	货物名称	品名及规格	单位	数量	单价	金额	备注
1	空调	Ⅰ型单冷	台	10	2 130	21 300	
2							
3							
4							
5							
6							
7							
8							
合计金额（大写）⊗拾贰万壹仟叁佰零拾零元零角零分　¥21 300.00							

第一联存根

验收人：　　交物人：　　会计：刘亮　　制单：韩颖

请学生总结上述票样的构成要素。

（十二）掌握用银行存款支付广告费业务所需原始凭证及其构成要素

用银行存款支付广告费业务必须具备的原始凭证包括：支票存根、专用发票。

支票存根同上。

专用发票票样如下：

北京市服务业、娱乐业、文化体育业专用发票
BEIJING SPECIAL INVOICE FOR SERVICE INDUSTRY ENTERTAINMENT INDUSTRY AND PHYSICAL CULTURE INDUSTRY

发票联 INVOICE

发票代码 invoice code 211009279059
发票号码 Invoice No 09994999
密码 Password [redacted]

89109005-03109139-94096005

税号 Tax registry No. 110103101733333
收款单位 Payee 北京市广而告之广告公司
付款单位（个人）Payer (individual) 北京市欣羽空调有限公司

项目 Item	单价 Unit price	数量 Amount	金额 Amount charged
广告费	130000.00	1	130000.00
小写合计 Total in figures	¥130000.00		
大写合计 Total in letters	壹拾叁万元整		

机打号码 Printed No. 09994596
机器编号 Machine No. 088510101888
税控码 Tax control code 4025 5155 7552 0255 7597

收款员 Cashier LJII
开票日期 Date issued 2012/06/21
收款单位（盖章有效）Payee (seal)

（印章：北京市广而告之广告公司 110103101733333 发票专用章）

税控机打发票手开无效
Printed by receiver, hand-writing invalid

一 发票联 First Invoice

此发票系北京市地方税务局批准印制(国标)09印
Printing of the invoice is ratified by Beijing Local Taxation Bureau (GB)

奖区 Award area
[redacted]
1. 刮开奖区覆盖层后显示中奖金额或"谢谢您"。
2. 告知事项：中奖后，在兑奖前不得将发票联和兑奖联撕开，否则，不予以办理兑奖手续。

89109005-03109139-94096005

请学生总结上述票样的构成要素。

（十三）掌握提取现金业务所需原始凭证及其构成要素

提取现金业务必须具备的原始凭证为现金支票。

现金支票票样如下：

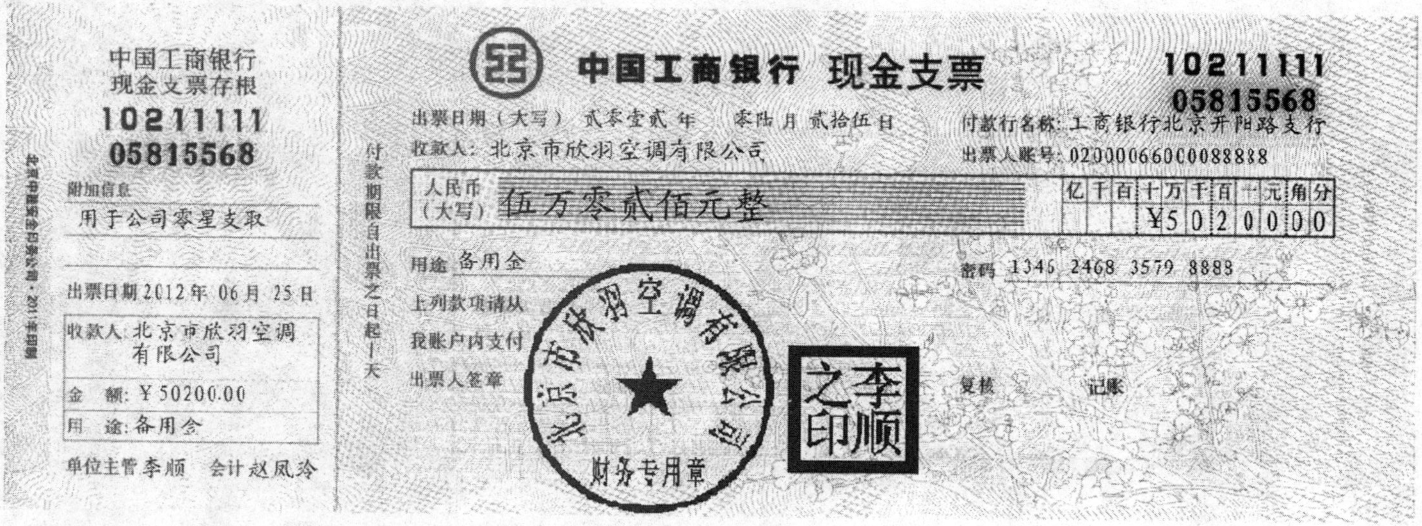

中国工商银行
现金支票存根
10211111
05815568
附加信息
用于公司零星支取
出票日期 2012 年 06 月 25 日
收款人：北京市欣羽空调有限公司
金　额：￥50200.00
用　途：备用金
单位主管 李顺　会计 赵凤玲

北京中融安全印务公司·2011年印制

中国工商银行　现金支票　10211111 05815568
出票日期（大写）贰零壹贰年　零陆月　贰拾伍日　付款行名称：工商银行北京开阳路支行
收款人：北京市欣羽空调有限公司　出票人账号：0200006600088888
付款期限自出票之日起十天
人民币（大写）伍万零贰佰元整

亿	千	百	十	万	千	百	十	元	角	分
			￥	5	0	2	0	0	0	0

用途 备用金　密码 1346 2468 3579 8888
上列款项请从
我账户内支付
出票人签章　复核　记账

北京市欣羽空调有限公司 财务专用章
李顺之印

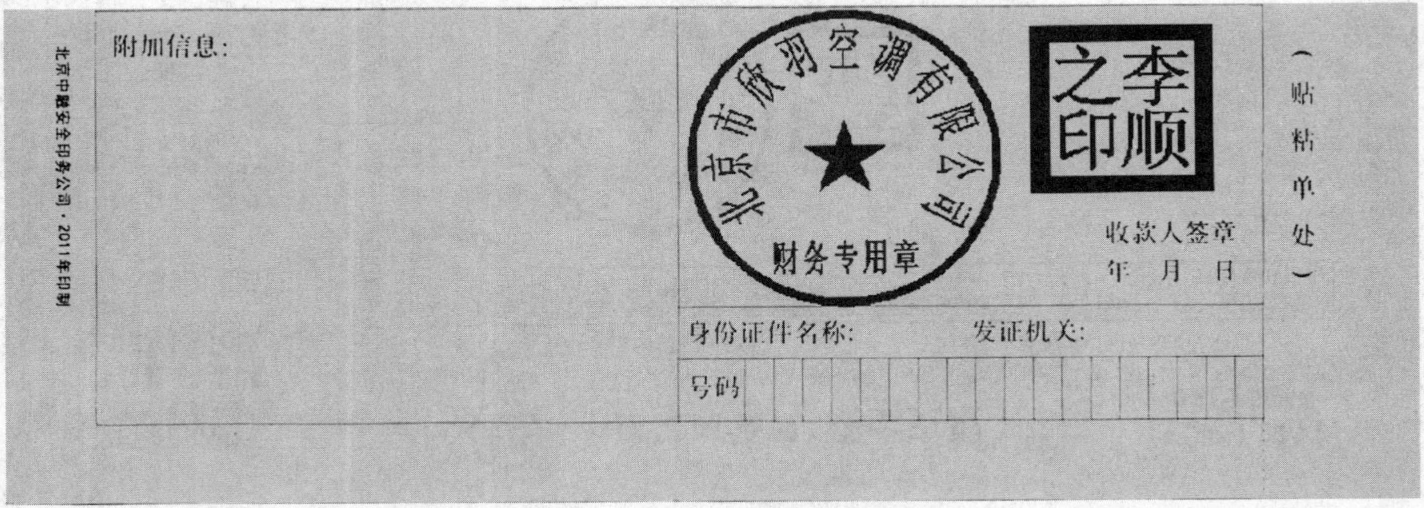

北京中融安全印务公司·2011年印制

附加信息：

北京市欣羽空调有限公司
财务专用章

李顺之印

收款人签章
年 月 日

身份证件名称： 发证机关：

号码

（贴粘单处）

请学生总结上述票样的构成要素。

（十四）掌握将现金缴存银行业务所需原始凭证及其构成要素

将现金缴存银行业务必须具备的原始凭证包括：企业填制的现金存款凭条、银行开具的现金存款凭条。

企业填制的两联现金存款凭条票样分别如下：

ICBC 中国工商银行 现金存款凭条

2012年 07月 03日

存款人	全称	北京市欣羽空调有限公司		
	账号	02000096999999999	款项来源	库存现金
	开户行	工商银行北京右安门外支行	交款人	华昱

金额（大写）叁万零壹佰零贰元零伍分　　金额（小写）￥30102.05

票面	张数	十	万	千	百	十	元	票面	张数	千	百	十	元	备注
壹佰元	300							伍角						
伍拾元	1							贰角						
贰拾元	2							壹角						
拾元								伍分						
伍元	2							贰分	2					
贰元								壹分	1					
壹元	2							其他						

第一联 银行核对联

2010年7月版　190mm×100mm

ICBC 中国工商银行 现金存款凭条

2012 年 07 月 03 日

存款人	全 称	北京市欣羽空调有限公司		
	账 号	0200009699999999	款项来源	库存现金
	开户行	工商银行北京右安门外支行	交 款 人	华昱

金额（大写）叁万零壹佰零贰元零伍分　　金额（小写）¥30102.05

票面	张 数	十	万	千	百	十	元	票面	张 数	千	百	十	元	备注
壹佰元	300							伍 角						
伍拾元	1							贰 角						
贰拾元	2							壹 角						
拾 元								伍 分						
伍 元	2							贰 分	2					
贰 元								壹 分	1					
壹 元	2							其 他						

第二联 客户核对联

2010年7月版　190mm×100mm

银行开具的现金存款凭条票样如下：

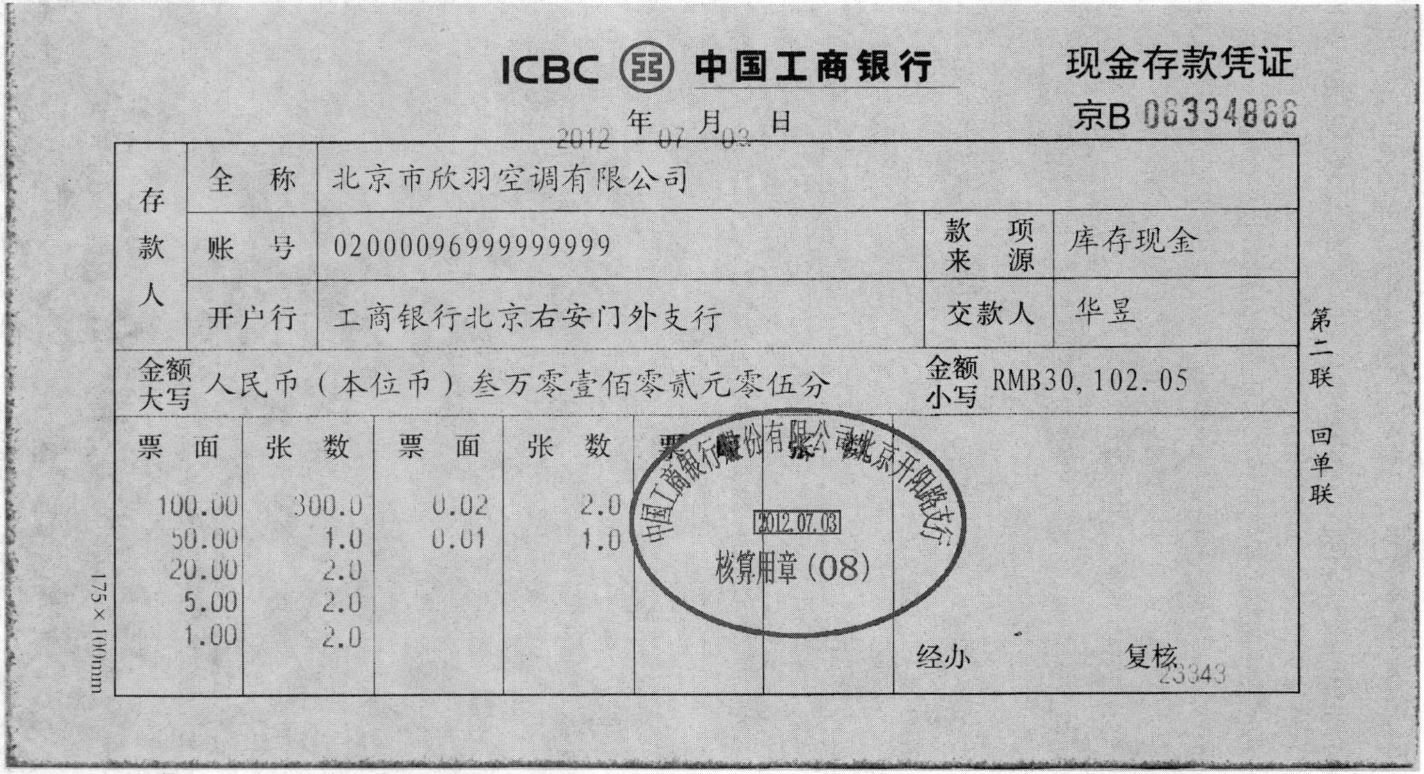

ICBC 中国工商银行　　现金存款凭证

京B 06334866

2012 年 07 月 03 日

存款人	全　称	北京市欣羽空调有限公司		
	账　号	0200009699999999	款项来源	库存现金
	开户行	工商银行北京右安门外支行	交款人	华昱

金额大写　人民币（本位币）叁万零壹佰零贰元零伍分　　金额小写　RMB30,102.05

票面	张数	票面	张数	票面	张数
100.00	300.0	0.02	2.0		
50.00	1.0	0.01	1.0		
20.00	2.0				
5.00	2.0				
1.00	2.0				

中国工商银行股份有限公司北京开阳路支行 2012.07.03 核算用章(08)

经办　　复核　23343

第二联　回单联

175×100mm

（十五）掌握个人所得税申报和支付税费业务所需原始凭证及其构成要素

个人所得税申报和支付税费业务必须具备的原始凭证包括：电子缴库专用缴款书、银行转账凭证。

电子缴库专用缴款书和银行转账凭证票样分别如下：

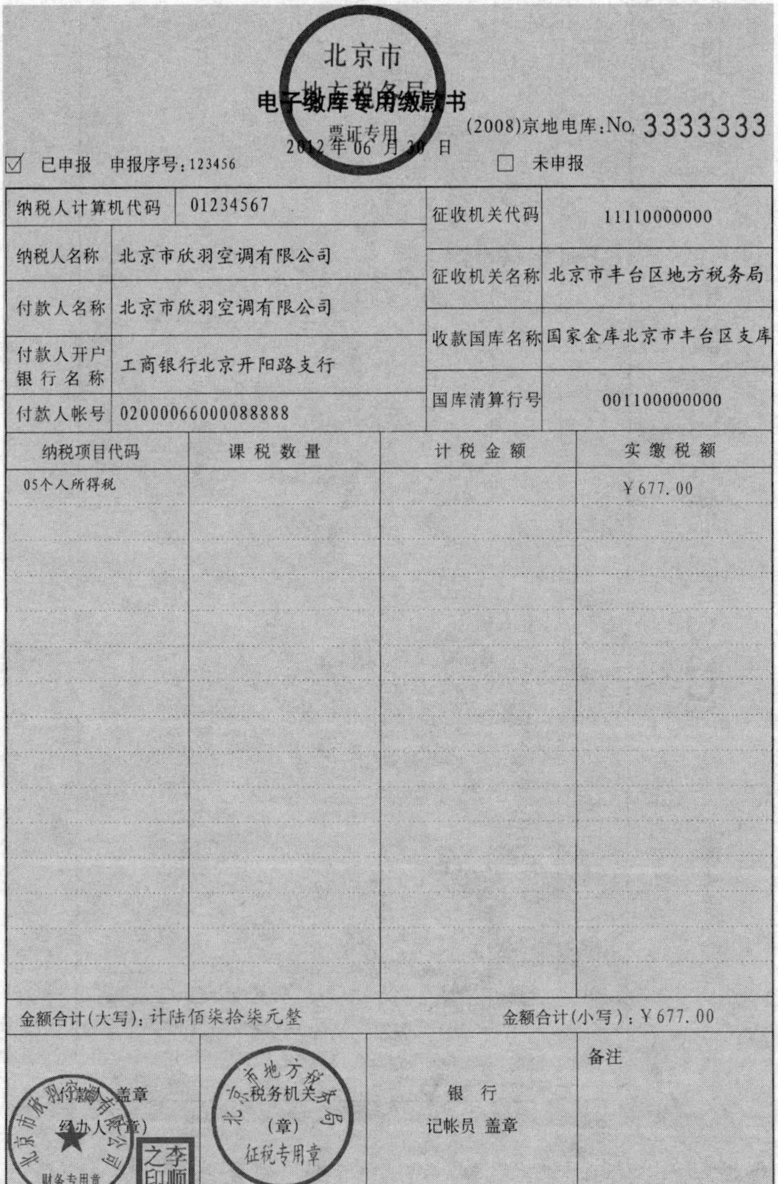

北京市地方税务局 票证专用

电子缴库专用缴款书

(2008)京地电库：No. 3333333

2012 年 06 月 30 日

☑ 已申报 申报序号：123456　　☐ 未申报

纳税人计算机代码	01234567	征收机关代码	11110000000
纳税人名称	北京市欣羽空调有限公司	征收机关名称	北京市丰台区地方税务局
付款人名称	北京市欣羽空调有限公司	收款国库名称	国家金库北京市丰台区支库
付款人开户银行名称	工商银行北京开阳路支行	国库清算行号	001100000000
付款人帐号	0200006600008888		

纳税项目代码	课税数量	计税金额	实缴税额
05个人所得税			¥677.00

金额合计(大写)：计陆佰柒拾柒元整　　金额合计(小写)：¥677.00

缴款单位(人)盖章 经办人(章) 北京市欣羽空调有限公司 财务专用章 李顺之印	税务机关(章) 北京市地方税务局 征税专用章	银行 记帐员 盖章	备注

ICBC 中国工商银行 凭 证

转账日期：2012 年06 月30 日 凭证字号：20130630000009999

纳税人全称及纳税人识别号：北京市欣羽空调有限公司 01234567

付款人全称：北京市欣羽空调有限公司
付款人账号：0200006600088888
付款人开户银行：工商银行北京开阳路支行
小写(合计)金额：￥677.00
大写(合计)金额：陆佰柒拾柒元整

征收机关名称：北京市丰台区地方税务局
收款国库(银行)名称：国家金库北京市丰台区支库
缴款书交易流水号：44874444
税票号码：0123456744874444

税（费）种名称	所属日期	实缴金额
个人所得税	20120601-20120630	￥677.00

中国工商银行股份有限公司北京开阳路支行
2012.06.30
核算用章（13）

第1 次打印 打印时间：2012年06月30日 16时48分

（14.85公分×21公分） 第二联 作付款回单（无银行收讫章无效） 复核 记账 柜员号

三、实验要求及考核内容

（一）根据所给经济业务，说明每一项业务分别需要哪些原始凭证

（1）用银行存款购买原材料，款已支付，货已入库。
原始凭证包括：
（2）用现金购买办公用品。
原始凭证包括：
（3）销售商品，收到款项。
原始凭证包括：
（4）销售商品，款项尚未收到。
原始凭证包括：
（5）将现金存入银行。
原始凭证包括：

（二）根据所给原始凭证，写出各组票据所揭示的经济业务名称及内容

（1）业务名称为：
票据如下：

中国工商银行
转账支票存根
10233133
23456889
附加信息
公司购买原材料

出票日期 2012年 12月 02日

收款人：	陕西省西安市胜利公司
金　额：	17550.00
用　途：	购冷轧薄钢板

单位主管　　　会计

陕西增值税专用发票

№

（全国统一发票监制章 陕西 国家税务总局监制）

发票联

开票日期 2012年12月02日

购货单位	名　　称：北京市欣羽空调有限公司 纳税人识别号：110106100012412 地 址、电 话：北京市丰台区开阳路49号 010-83559999 开户行及账号：工商银行北京右安门外支行 0200009699999999	密码区	<+<>/-+7<*78*96*401>* 5*3768*>4/570>+87+36+ 08373674//6-+3<***848 27**6869/6->77<*2>>3* 加密版本:01

货物或应税劳务名称	规格型号	单位	数量	单价	金额	税率	税额
冷轧薄钢板		吨	3	5,000.00	15,000.00	17%	2,550.00
合　　计					¥15,000.00		¥2,550.00
价税合计（大写）	⊗壹万柒仟伍佰伍拾元整				（小写）¥17,550.00		

销货单位	名　　称：陕西省西安市胜利公司 纳税人识别号：120146541366034 地 址、电 话：陕西省西安市建设路8-3号 029 51812345 开户行及账号：招商银行西安市建设路支行 1235691410400005990	备注	（陕西省西安市胜利公司 120146541366034 发票专用章）

收款人：　　复核：　　开票人：赵刚　　销货单位：（章）

第二联：发票联 购货方记账凭证

陕西增值税专用发票

№

（印章：全国统一发票监制章 陕西 国家税务总局监制）

抵扣联

开票日期 2012年12月02日

购货单位	名　　称：北京市欣羽空调有限公司 纳税人识别号：110106100012412 地 址、电 话：北京市丰台区开阳路49号 010-83559999 开户行及账号：工商银行北京右安门外支行 0200009699999999	密码区	<+<>/-+7<*78*96*401>* 5*3768*>4/570>+87+36+ 08373674//6-+3<***848 27**6869/6->77<*2>>3* 加密版本:01

货物或应税劳务名称	规格型号	单位	数量	单价	金额	税率	税额
冷轧薄钢板		吨	3	5,000.00	15,000.00	17%	2,550.00
合　　计					￥15,000.00		￥2,550.00
价税合计（大写）	⊗壹万柒仟伍佰伍拾元整				（小写）￥17,550.00		

销货单位	名　　称：陕西省西安市胜利公司 纳税人识别号：120146541366034 地 址、电 话：陕西省西安市建设路8-3号 029-51812345 开户行及账号：招商银行西安市建设路支行 123569141040005990	备注	（印章：陕西省西安市胜利公司 120146541366034 发票专用章）

收款人：　　复核：　　开票人：赵刚　　销货单位：（章）

第三联：抵扣联 购货方扣税凭证

（2）业务名称为：

票据如下：

领 料 单

领料部门 辅助生产车间

生产通知单号别

2012 年 12 月 04 日　　字第 008 号

40开（甲）货号

领料用途 用于包装　　制造数量　　制品名称

编号	品名	规格	单位	请领数量	实发数量	单价	金额								备注
							十	万	千	百	十	元	角	分	
	油漆		公斤	200	200	200		4	0	0	0	0	0	0	
	灯泡		个	800	800	1.5			1	2	0	0	0	0	
	纸箱		公斤	1000	1000	1.5			1	5	0	0	0	0	
	泡沫		公斤	300	300	15			4	5	0	0	0	0	
附件				张	合计			4	7	2	0	0	0	0	

主管　　会计　　记账　　发料　　已领料　　制单

领讫日期 12 月 04 日

（3）业务名称为：

票据如下：

借款单

借款日期2012年 12 月 08 日

单位或部门	采购部	借款人姓名	陈明	借款事由	出差购原材料
申请借款金额	金额（大写）壹仟伍佰元整 ¥1500.00				还款计划
批准金额	金额（大写）壹仟伍佰元整 ¥1500.00 现金付讫				预计出差3天，12月10日报销差旅费。
领导批示	同意。李顺	借款人	陈明（盖章）		

（4）业务名称为：

票据如下：

支 出 凭 单

2012年　12月　10日　　**第　　号**

即　付 公司购买办公用品——电脑桌一张，椅子五把。

款

对方科目编号

计人民币：壹仟贰佰元整　现金付讫　¥ 1200.00

领款人：陈明　　**主管审批：**李顺

附单据 2 **张**

财务主管：赵凤玲　**记账：**　**出纳：**佳丽　**审核：**华兴　**制单：**华兴

丙式—75　12×21 厘米（通）

1100114646

北京增值税普通发票

№ 00470570

校验码 58960 77563 19601 44296

开票日期：2012年12月03日

购货单位	名称：北京市欣羽空调有限公司 纳税人识别号： 地址、电话： 开户行及账号：	密码区	5+6/62<+9/*1071>9>5<9 128882*0/1*12++>/398/ 0244>--6>0+>194-45104 4<17<*28882-+2888>>26 加密版本：01 1100114646 00470570

货物或应税劳务名称	规格型号	单位	数量	单价	金额	税率	税额
办公用品-电脑桌	G10024	张	1	641.025641	641.025641	17%	108.974359
合计							
价税合计（大写）	⊗柒佰伍拾元整				（小写）¥750.00		

销货单位	名称：北京市星源办公家具有限公司 纳税人识别号：110101987654321 地址、电话：北京市东城区解放路8号楼106 010-83465555 开户行及账号：建行北京市解放路支行 10052655667788	备注	北京市星源办公家具有限公司 110101987654321 发票专用章

收款人：　　复核：　　开票人：王丹　　销货单位：（章）

第二联：发票联 购货方记账凭证

国税函〔2011〕318号北京至美数码防伪印务有限公司

全国统一发票监制章 北京 国家税务总局监制

北京增值税普通发票

1100114646　　　　№ 00470570

（全国统一发票监制章　北京　国家税务局监制）

发票联

校验码 58960 77563 19601 44296　　　　开票日期：2012年12月06日

购货单位	名　　称：北京市欣羽空调有限公司 纳税人识别号： 地 址、电 话： 开户行及账号：	密码区	5+6/62<+9/*1071>9>5<9 128882*0/1*12++>/398/ 0244>--6>0+>194-45104 4<17<*28882-+2888>>26 加密版本:01 1100114646 00470570

货物或应税劳务名称	规格型号	单位	数量	单价	金额	税率	税额
办公用品-椅子	K10036	把	5	76.923077	384.615385	17%	65.384615
合　　计							4

价税合计（大写）　⊗肆佰伍拾元整　　（小写）￥450.00

销货单位	名　　称：北京市星源办公家具有限公司 纳税人识别号：110101987654321 地 址、电 话：北京市东城区解放路8号楼106 010-83465555 开户行及账号：建行北京市解放路支行 10052655667788	备注	（北京市星源办公家具有限公司 110101987654321 发票专用章）

收款人：　　复核：　　开票人：王丹　　销货单位：（章）

第二联：发票联 购货方记账凭证

国税函〔2011〕318号北京至美数码防伪印务有限公司

（5）业务名称为：

票据如下：

ICBC 中国工商银行　　　　凭证

业务回单（付款）

入账日期:2012-12-14　　　回单编号：13013000003

付款人户名：　北京市欣羽空调有限公司

付款人账号：　0200006600008888

付款人开户行/发报行：

收款人户名：　中国铁通集团有限公司北京分公司

收款人帐号：　11001013900056230494

收款人开户行：中国建设银行北京铁道专业支行营业部

币种：　人民币(本位币)　　　金额(小写)：　2,380.00

金额(大写)：　贰仟叁佰捌拾元整

凭证种类：　　　　凭证号码：

业务(产品)种类：跨行小额　　　摘要：　电话费

交易机构号：00200000036　记账柜员号：00023　交易代码：52063　用途：

附言:电话费

支付交易序号：1058489 报文种类:00114 定期借记业务报文

委托日期:2012-12-14 业务种类:电话费

收款人地址:丰台区广莲路9号豪森大厦3层

付款人地址:工行开阳路支行

多方协议号:251517

流水号:52746790

打印次数：1　次　机打回单注意重复　打印日期：2012-12-14　打印柜员：043562

中国工商银行股份有限公司北京开阳路支行

2012.12.14

核算用章

235.4×139.7mm　2010年10月版

实验三　原始凭证的填制与审核

一、实验目的

原始凭证的填制是会计核算工作的起点，通过模拟实务可以使学生掌握原始凭证的基本内容与填制方法，进而掌握原始凭证的审核与传递程序，为填制记账凭证奠定基础。

二、实验步骤

1. 根据实验资料所给的经济业务，练习填制有关原始凭证。

填制原始凭证的基本要求是：真实可靠，内容完整，数字准确，填制及时，书写工整，同时还应符合《会计基础工作规范》的具体要求。

原始凭证可分为外来原始凭证和自制原始凭证。自制原始凭证有一些为会计人员填制，有一些是企业其他部门填制。本实验的主要练习材料为会计人员日常工作需要填制的原始凭证。

2. 根据所给资料及填制好的原始凭证，每两人为一组相互审核。

审核原始凭证的要求是：首先，审核原始凭证的内容是否符合法律、法规的要求；其次，审核原始凭证的填制是否符合相关的技术性要求。

3. 说明各项经济业务应附哪些原始凭证。

4. 了解各种原始凭证传递的一般程序。

三、实验资料与要求

北京市欣羽空调有限公司适用增值税税率为17%，适用企业所得税税率为25%。

2013年1月，北京市欣羽空调有限公司发生的经济业务如下（注：假设以下资料中原始凭证中的印章已加盖）：

（一）填写现金支票

资料：1 月 2 日，出纳王敏持已签发的现金支票一张，金额 3 000 元，从银行提取现金，以备采购员出差需要。

要求：填写现金支票。

现金空白支票和现金支票填写票样见下图：（空白现金支票 2 张以备学生练习和考核。以下所有空白票据均作为练习和考核用）

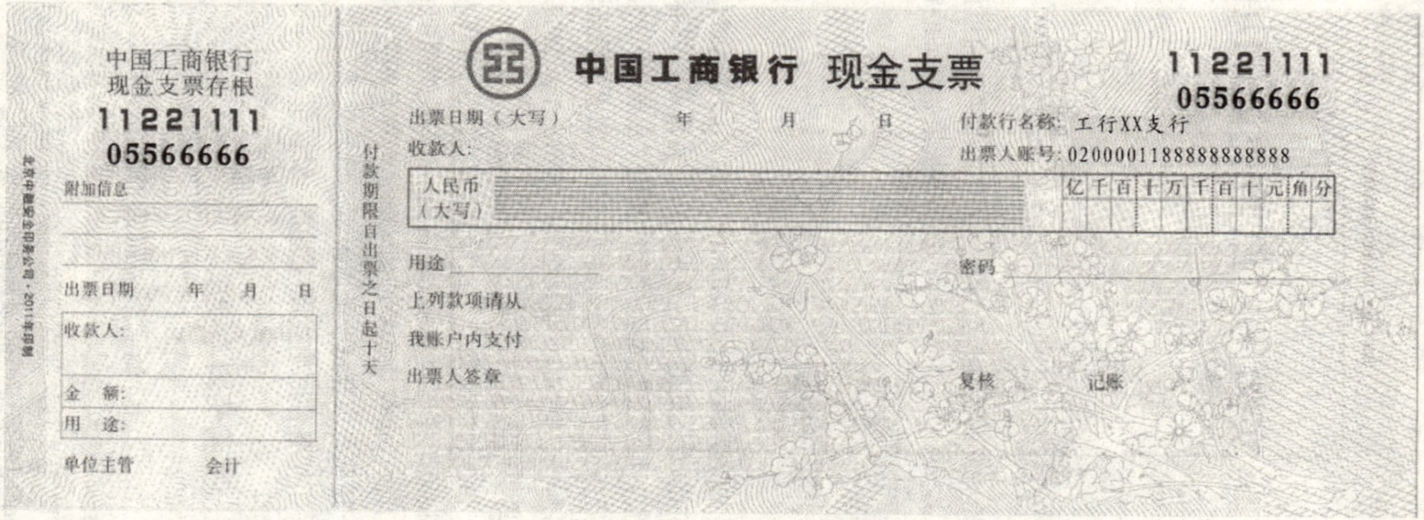

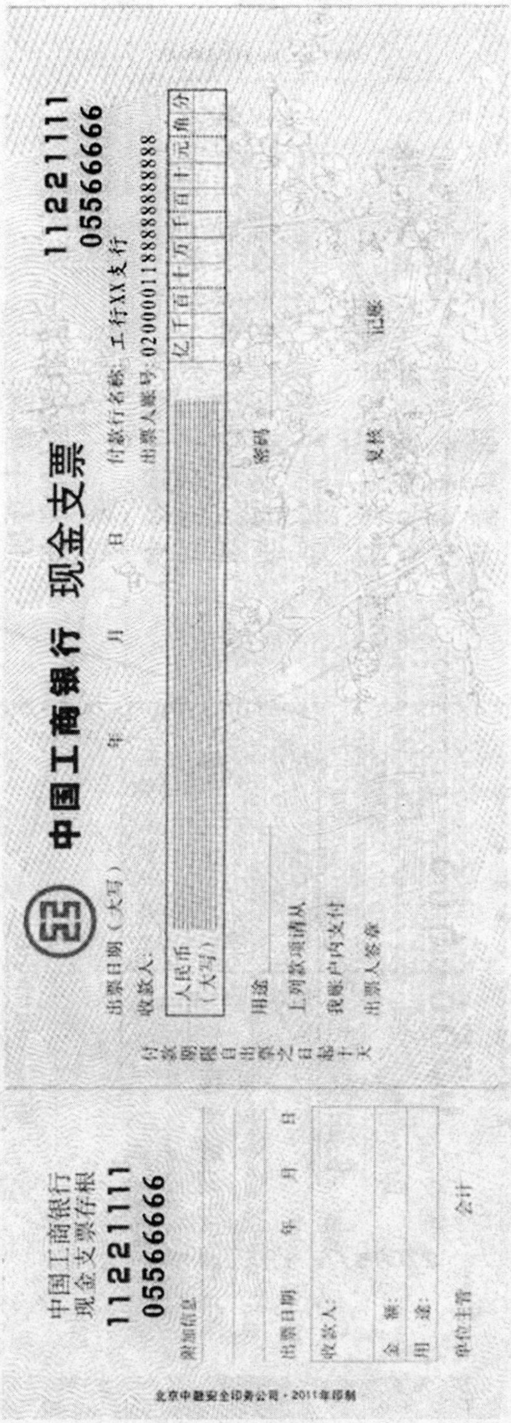

中国工商银行 现金支票　11221111　05566666

出票日期（大写）　年　月　日　付款行名称：工行XX支行

收款人：　出票人账号：0200001188888888888

人民币（大写）	亿	千	百	十	万	千	百	十	元	角	分

用途　密码

上列款项请从

我账户内支付

出票人签章　复核　记账

付款期限自出票之日起十天

中国工商银行

现金支票存根

11221111

05566666

附加信息

出票日期　年　月　日

收款人：

金　额：

用　途：

单位主管　会计

北京中融安全印务公司・2011年印制

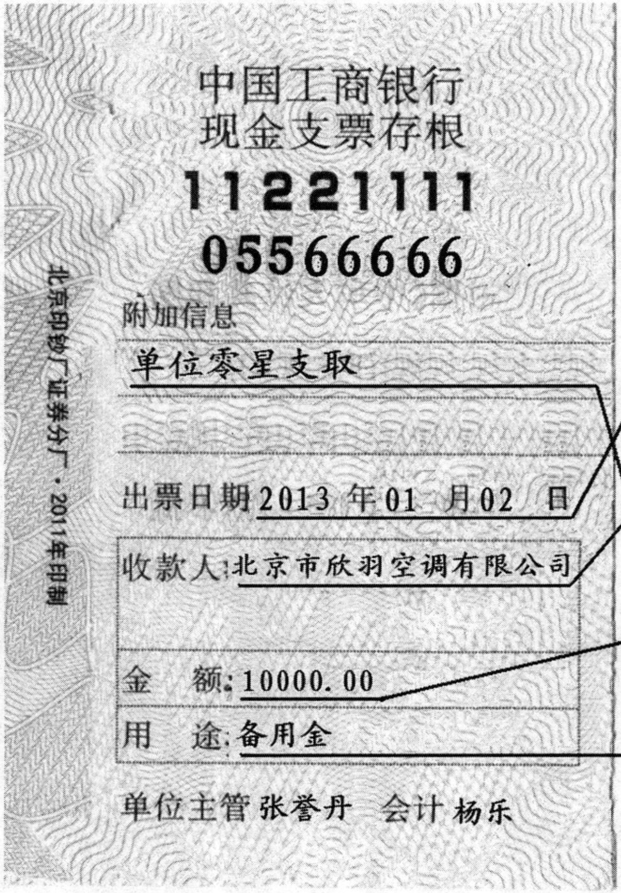
中国工商银行
现金支票存根
11221111
05566666
附加信息
单位零星支取
出票日期 2013 年 01 月 02 日
收款人：北京市欣羽空调有限公司
金 额：10000.00
用 途：备用金
单位主管 张誉丹 会计 杨乐
北京印钞厂证券分厂·2011年印制

现金支票存根需填写内容：

1. 出票日期

现金支票与转账支票都为10天有效期，超过有效期，银行不予兑现与存取。

2. 收款人名称

因此次取款是用于公司零星支取，不是将支票支付给其他单位或个人，所以收款人须填写本公司名称。

3. 金额

票根填写金额用小写阿拉伯数字填写

4. 取款用途

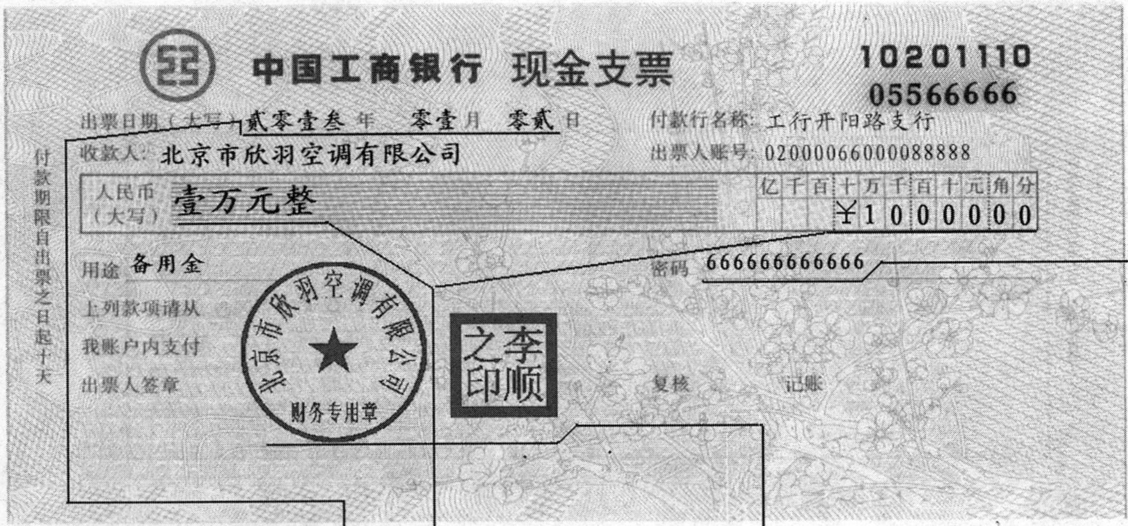
中国工商银行　现金支票　10201110 05566666

出票日期（大写）贰零壹叁 年　零壹 月　零贰 日　付款行名称：工行开阳路支行

收款人：北京市欣羽空调有限公司　出票人账号：0200006600008888

人民币（大写）壹万元整

亿	千	百	十	万	千	百	十	元	角	分
			¥	1	0	0	0	0	0	0

用途 备用金　密码 666666666666

上列款项请从

我账户内支付

出票人签章　北京市欣羽空调有限公司 财务专用章　李顺之印　复核　记账

付款期限自出票之日起十天

现金支票须填写内容：

1. 出票日期

应大写填写出票日期，日期为个位数或十的整数倍时需加零，如零贰拾日。

2. 金额

需分别填写大小写金额，填写大写金额需顶头填写，不留空白。大小写金额不得漏填或填写金额不一致。

3. 加盖预留印鉴

现金支票和转账支票上需加盖公司在银行的预留印鉴，预留印鉴需盖在支票的空白处，不得压盖金额或文字。支票上的预留印鉴必须与公司在银行留存的印鉴一致。

4. 密码

不同银行对支票是否填写密码要求不一致，此支票以填写密码举例。

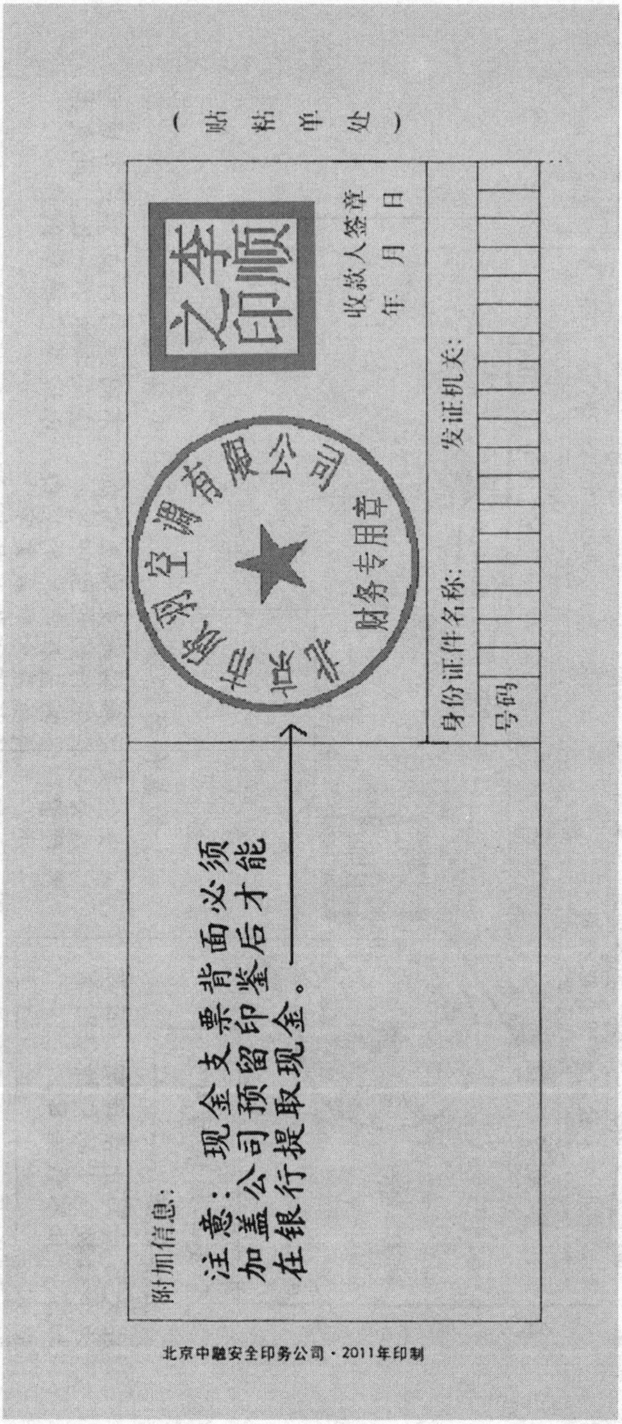
附加信息：
注意：现金支票背面必须加盖公司预留印鉴后才能在银行提取现金。
财务专用章
李顺之印
收款人签章
年 月 日
身份证件名称：
发证机关：
号码
（贴粘单处）
北京中融安全印务公司·2011年印制

（二）填写借款单

资料：1 月 3 日，采购部采购员兴华去安徽省芜湖市采购材料，经公司领导李顺批准，填写“借款单”，向财务部借现金 3 000 元，预计出差 3 天，1 月 7 日还款。

要求：填写借款单。

空白借款单见下图。

借　款　单

借款日期　　年　　月　　日

单位或部门		借款人姓名		借款事由	
申请借款金额	金额（大写）		¥______		还款计划
批准金额	金额（大写）		¥______		
领导批示		借款人	（盖章）		

（三）报销差旅费

资料：1 月 7 日，采购员兴华出差回来，报销差旅费 2 700 元。其中，飞机票两张，金额 1 800 元，市内交通单据十张，金额 200 元，两天住宿费金额 500 元，途中补助 200 元，原借款 3 000 元，余款退回。

要求：填写差旅费报销单 1 张，收据 1 张，审核航空运输行程单 1 张，各种交通报销凭证 2 张（重复票据略）。需填写的票据见下图。

差旅费报销单

填报日期　　年　　月　　日　　　　第　　页共　　页

姓名		出差地点			出差事由			出差日期	自　年　月　日 至　年　月　日			共　天			
出差起止日期	车船机票费				夜间乘车补助费			出差补助费			住宿费	其他费用		结算情况	
	火车	电汽车			车票金额	标准	补助金额	天数	标准	金额		项目	金额		
														原借	
														报销	
														退还	
小计														补领	
合计报销金额（大写）												¥			

附单据共　张

单位（部门）主管：　　财务主管：　　审核：　　出差人：

收 据

年 月 日

今收到______________________________

交 来______________________________

人民币（大写）______________________ ¥__________

收款单位

（公章）______________________

收款人		交款人	

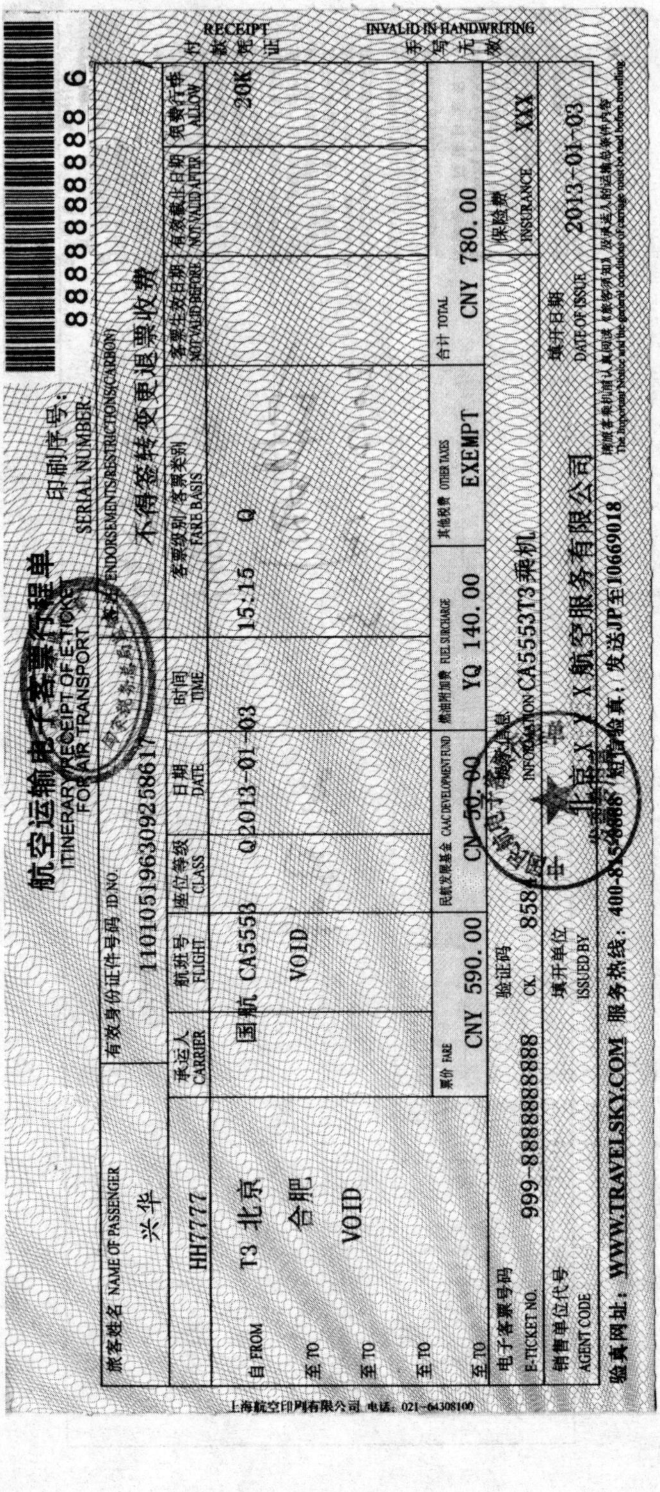

航空运输电子客票行程单
ITINERARY/RECEIPT OF E-TICKET FOR AIR TRANSPORT

印刷序号：SERIAL NUMBER: 8888888888 6

旅客姓名 NAME OF PASSENGER：兴华

有效身份证件号码 ID.NO.：110105196309258617

签注 ENDORSEMENTS/RESTRICTIONS(CARBON)：不得签转变更退票收费

	承运人 CARRIER	航班号 FLIGHT	座位等级 CLASS	日期 DATE	时间 TIME	客票级别/客票类别 FARE BASIS	客票生效日期 NOT VALID BEFORE	有效截止日期 NOT VALID AFTER	免费行李 ALLOW
HH7777									
自 FROM T3 北京	国航	CA5553	Q	2013-01-03	15:15	Q			20K
至 TO 合肥		VOID							
至 TO VOID									
至 TO									
至 TO									

票价 FARE	民航发展基金 CAAC DEVELOPMENT FUND	燃油附加费 FUEL SURCHARGE	其他税费 OTHER TAXES	合计 TOTAL
CNY 590.00	CN 50.00	YQ 140.00	EXEMPT	CNY 780.00

电子客票号码 E-TICKET NO.：999-8888888888　验证码 CK.：858　提示信息 INFORMATION：CA5553T3乘机　保险费 INSURANCE：XXX

销售单位代号 AGENT CODE　填开单位 ISSUED BY：北京X X X航空服务有限公司　填开日期 DATE OF ISSUE：2013-01-03

验真网址：WWW.TRAVELSKY.COM　服务热线：400-815-8888　短信验真：发送JP至10669018

RECEIPT 付款凭证

INVALID IN HANDWRITING 手写无效

上海航空印刷有限公司 电话：021-64308100

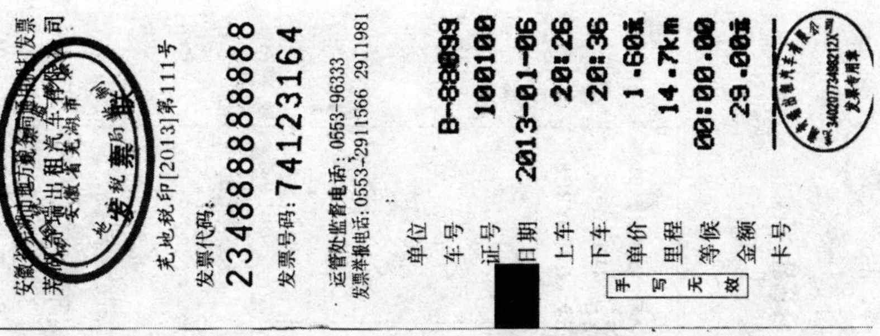

（四）填写增值税专用发票、转账支票和进账单

资料：1月8日，企业销售给北京力达有限责任公司空调扇（M型）800台，单价260元，销售部业务员张元开出增值税专用发票，购货方采购员李萌持发票到财务部以转账支票办理货款结算，财会人员王冰收取转账支票后，当日填写进账单送存银行。

要求：填写增值税专用发票（一式三联，第一联作为企业记账的依据）、转账支票和进账单。

购货方：北京力达有限责任公司

纳税人识别号：552211135476

地址，电话：北京市朝阳区建国路99号 010－62572658

开户行及账号：工商银行建国路支行 0300009900011112222

空白票据见以下各图。

1100061620　　北京增值税专用发票　　№ 00567868

此联不作报销、扣税凭证使用　　开票日期：

校验码 03158551623131588588

购货单位	名　　称： 纳税人识别号： 地 址、电 话： 开户行及账号：	密码区	<+<>/-+7<*78*96*401>*　加密版本:01 5*3768*>4/570>+87+36+　1100061620 08373674//6-+3<***848 27**6869/6->77<*2>>3*　00567868

货物或应税劳务名称	规格型号	单位	数 量	单 价	金 额	税率	税 额
合　　计							
价税合计（大写）					（小写）		

销货单位	名　　称： 纳税人识别号： 地 址、电 话： 开户行及账号：	备注	北京市欣羽空调有限公司 110106100012412 发票专用章

收款人：　　复核：　　开票人：李杜　　销货单位：（章）

第一联：记账联　销售方记账凭证

国税函〔2005〕1203号北京印钞厂

1100061620　　**北京增值税专用发票**　　№ 00567868

发票联

开票日期：

校验码 03158551623131588588

购货单位	名　　称： 纳税人识别号： 地　址、电　话： 开户行及账号：			密码区	<+<>/-+7<*78*96*401>* 5*3768*>4/570>+87+36+ 08373674//6-+3<***848 27**6869/6->77<*2>>3*	加密版本:01 1100061620 00567868	
货物或应税劳务名称	规格型号	单位	数　量	单　价	金　额	税率	税　额
合　　计							
价税合计（大写）					（小写）		
销货单位	名　　称： 纳税人识别号： 地　址、电　话： 开户行及账号：			备注	北京市欣羽空调有限公司 110106100012412 发票专用章		

收款人：　　复核：　　开票人：李杜　　销货单位：（章）

第二联：发票联　购货方记账凭证

国税函〔2005〕1203号北京印钞厂

1100061620　　北京增值税专用发票　　№ 00567868

抵扣联

开票日期：

校验码 03158551623131588588

购货单位	名　　称： 纳税人识别号： 地 址、电 话： 开户行及账号：				密码区	<+<>/-+7<*78*96*401>* 5*3768*>4/570>+87+36+ 08373674//6-+3<***848 27**6869/6->77<*2>>3*	加密版本:01 1100061620 00567868	
货物或应税劳务名称		规格型号	单位	数 量	单 价	金 额	税率	税 额
合　　计								
价税合计（大写）						（小写）		
销货单位	名　　称： 纳税人识别号： 地 址、电 话： 开户行及账号：				备注	北京市欣羽空调有限公司 110106100012412 发票专用章		

收款人：　　复核：　　开票人：李杜　　销货单位：（章）

第三联：抵扣联　购货方扣税凭证

国税函〔2005〕1203 号北京印钞厂

中国工商银行
转账支票存根
102011111
23452345
附加信息
出票日期 年 月 日
收款人:
金额:
用途:
单位主管 会计
中国工商银行 转账支票
102011111
23452345
出票日期（大写） 年 月 日
付款行名称:
收款人:
出票人账号:
人民币（大写）
亿 千 百 十 万 千 百 十 元 角 分
付款期限自出票之日起十天
用途
密码
上列款项请从
我账户内支付
行号 102100000361
出票人签章
复核
记账
有限责任公司
财务专用章
张力
北京中融安全印务公司·2012年印制

ICBC 中国工商银行　　**进账单**（贷方凭证）1

年　　月　　日

出票人	全　称		收款人	全　称	
	账　号			账　号	
	开户银行			开户银行	
金额	人民币（大写）				亿 千 百 十 万 千 百 十 元 角 分
票据种类		票据张数			
票据号码					
备注：			复核：　记账：		

此联由收款人开户银行作贷方凭证

175×85　银博

ICBC 中国工商银行 **进账单**（回 单）2

年 月 日

出票人	全 称		收款人	全 称	
	账 号			账 号	
	开户银行			开户银行	
金额	人民币（大写）				亿 千 百 十 万 千 百 十 元 角 分
票据种类		票据张数			
票据号码					
复核： 记账：			开户银行签章		

此联是开户银行交给持（出）票人的回单

175×85 银博

ICBC 中国工商银行　　**进账单**（收账通知）3

年　月　日

出票人	全　称		收款人	全　称	
	账　号			账　号	
	开户银行			开户银行	
金额	人民币（大写）				亿 千 百 十 万 千 百 十 元 角 分
票据种类		票据张数			
票据号码					
复核：　记账：			收款人开户银行签章		

此联是收款人开户银行交给收款人的收账通知

175×85　银博

（五）审核增值税专用发票、填写银行转账支票

资料：1 月 18 日，从北京诚宇材料厂购入乙材料 100 吨，单价 80 元，增值税专用发票注明买价 8 000 元，税金 1 360 元，材料尚未到达，货款以银行存款支付。

要求：审核增值税专用发票（发票从对方单位取得），填写银行转账支票。

增值税专用发票和转账支票见下图。

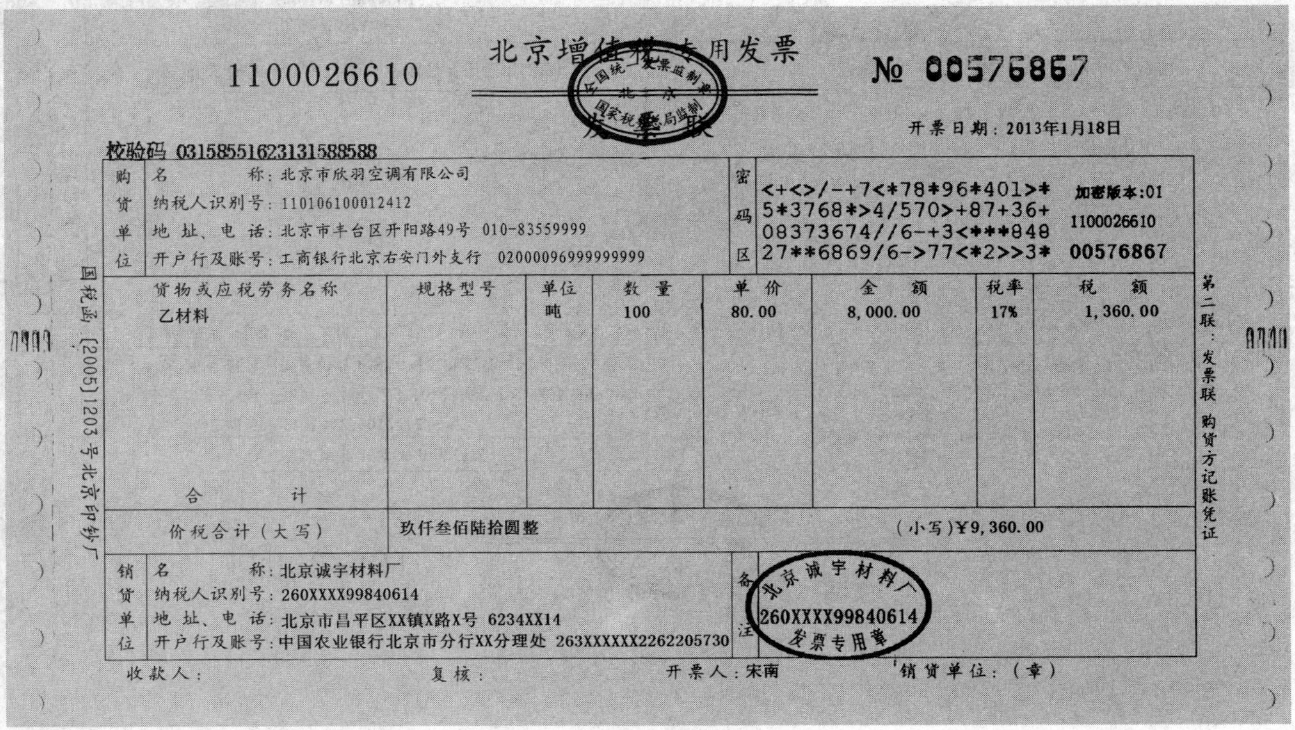

北京增值税专用发票

1100026610　　№ 00576867

发票联

开票日期：2013年1月18日

校验码 03158551623131588588

购货单位	名　　称：北京市欣羽空调有限公司 纳税人识别号：110106100012412 地 址、电 话：北京市丰台区开阳路49号 010-83559999 开户行及账号：工商银行北京右安门外支行 02000096999999999
密码区	<+<>/-+7<*78*96*401>* 5*3768*>4/570>+87+36+ 08373674//6-+3<***848 27**6869/6->77<*2>>3* 加密版本:01 1100026610 00576867

货物或应税劳务名称	规格型号	单位	数量	单价	金额	税率	税额
乙材料		吨	100	80.00	8,000.00	17%	1,360.00
合　　计							
价税合计（大写）	玖仟叁佰陆拾圆整				（小写）¥9,360.00		

销货单位	名　　称：北京诚宇材料厂 纳税人识别号：260XXXX99840614 地 址、电 话：北京市昌平区XX镇X路X号 6234XX14 开户行及账号：中国农业银行北京市分行XX分理处 263XXXXXX2262205730
备注	北京诚宇材料厂 260XXXX99840614 发票专用章

收款人：　　复核：　　开票人：宋南　　销货单位：（章）

第二联：发票联 购货方记账凭证

国税函［2005］1203号北京印钞厂

北京增值税专用发票

1100026610　　　　No 00576867

抵扣联

开票日期：2013年1月18日

购货单位	名　　称：北京市欣羽空调有限公司 纳税人识别号：110106100012412 地 址、电 话：北京市丰台区开阳路49号 010-83559999 开户行及账号：工商银行北京右安门外支行 0200009699999999	密码区	<+<>/-+7<*78*96*401>*　加密版本:01 5*3768*>4/570>+87+36+　1100026610 08373674//6-+3<***848 27**6869/6->77<*2>>3*　00576867

货物或应税劳务名称	规格型号	单位	数量	单价	金额	税率	税额
乙材料		吨	100	80.00	8,000.00	17%	1,360.00
合　　计					8,000.00		1,360.00
价税合计（大写）	玖仟叁佰陆拾圆整				（小写）¥9,360.00		

销货单位	名　　称：北京诚宇材料厂 纳税人识别号：260XXXX99840614 地 址、电 话：北京市昌平区XX镇X路X号 6234XX14 开户行及账号：中国农业银行北京市分行XX分理处 263XXXXXX2262205730	备注	北京诚宇材料厂 260XXXX99840614 发票专用章

收款人：　　复核：　　开票人：宋南　　销货单位：（章）

第三联：抵扣联 购货方扣税凭证

国税函〔2005〕1203号北京印钞厂

中国工商银行 转账支票存根
10233133
24454201
附加信息
出票日期 年 月 日
收款人：
金额：
用途：
单位主管 会计

中国工商银行 转账支票 10233133 24454201
出票日期（大写） 年 月 日 付款行名称：工行开阳路支
收款人： 出票人账号：0200006600088888
付款期限自出票之日起十天

人民币（大写）	亿	千	百	十	万	千	百	十	元	角	分

用途 密码
上列款项请从 行号 102100000661
我账户内支付
出票人签章 复核 记账

北京中融安全印务公司·2012年印制

（六）填写入库单

资料：1 月 22 日，乙材料到达公司，经检验合格入库。

要求：填写入库单。

空白材料入库单见下图。

材料验收入库单

材料来源

供应单位：________ 年 月 日

发 票 号：________ 字第 号

材料类别	材料名称	规格材质	计量单位	数 量	实收数量	单 价	金额							
							十	万	千	百	十	元	角	分
检验				运杂费										
结果：		检验员签章：		合 计										
备 注：														

北京市欣羽空调厂 2013年1月22日 验收无误

仓库主管　　材料会计　　收料员　　经办人　　制单

（七）审核普通发票

资料：1 月 23 日，公司向百货商场购买笔记本 30 本，单价 15 元。

要求：审核该普通发票。

普通发票见下图。

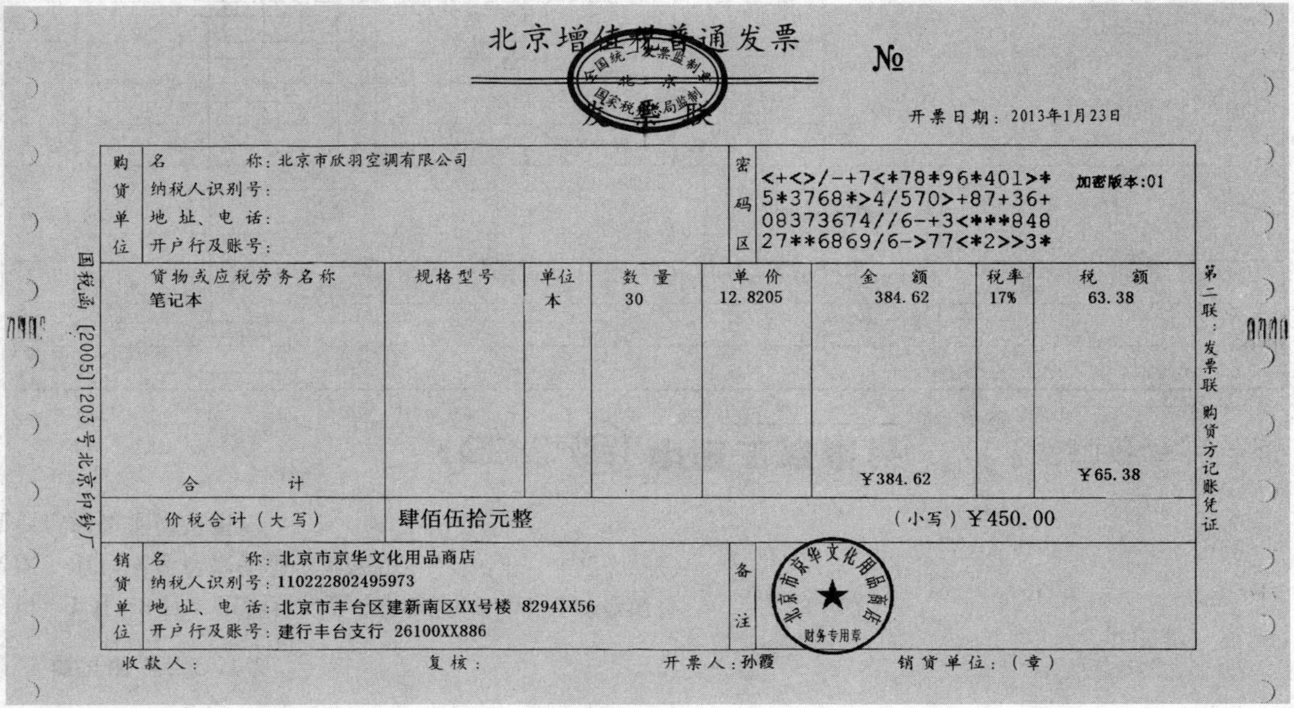

北京增值税普通发票　№

（监制章：全国统一发票监制章 北京 国家税务总局监制）

发票联

开票日期：2013年1月23日

购货单位	名　　称：北京市欣羽空调有限公司 纳税人识别号： 地 址、电 话： 开户行及账号：	密码区	<+<>/-+7<*78*96*401>* 5*3768*>4/570>+87+36+ 08373674//6-+3<***848 27**6869/6->77<*2>>3* 加密版本:01

货物或应税劳务名称	规格型号	单位	数量	单价	金额	税率	税额
笔记本		本	30	12.8205	384.62	17%	63.38
合　计					￥384.62		￥65.38
价税合计（大写）	肆佰伍拾元整				（小写）￥450.00		

销货单位	名　　称：北京市京华文化用品商店 纳税人识别号：110222802495973 地 址、电 话：北京市丰台区建新南区XX号楼 8294XX56 开户行及账号：建行丰台支行 26100XX886	备注	（印章：北京市京华文化用品商店 财务专用章）

收款人：　　复核：　　开票人：孙霞　　销货单位：（章）

第二联：发票联 购货方记账凭证

国税函〔2005〕1203 号北京印钞厂

（八）填写现金存款凭条

资料：1 月 28 日，出纳将多余库存现金 3 800 元送存银行。

要求：填写现金存款凭条（面额 100 元 20 张 50 元 36 张）

现金存款凭条见下图。

ICBC 中国工商银行　　现金存款凭条

年　月　日

存款人	全称			
	账号		款项来源	
	开户行		交款人	

金额（大写）　　　　金额（小写）

票面	张数	十	万	千	百	十	元	票面	张数	千	百	十	元	备注
壹佰元								伍角						
伍拾元								贰角						
贰拾元								壹角						
拾元								伍分						
伍元								贰分						
贰元								壹分						
壹元								其他						

第一联　银行核对联

2010年7月版　190mm×100mm

ICBC 中国工商银行　　现金存款凭条

年　　月　　日

存款人	全　称			
	账　号		款项来源	
	开户行		交 款 人	
金额（大写）			金额（小写）	

票面	张　数	十	万	千	百	十	元	票面	张　数	千	百	十	元	备注
壹佰元								伍　角						
伍拾元								贰　角						
贰拾元								壹　角						
拾　元								伍　分						
伍　元								贰　分						
贰　元								壹　分						
壹　元								其　他						

第二联　客户核对联

2010年7月版　190mm×100mm

四、考核内容

1. 根据实验要求，填制或审核原始凭证。
2. 小组内对填制的原始凭证相互审核。

实验四　记账凭证的填制

一、实验目的

通过实验使学生进一步熟悉不同经济业务应当填制或取得何种原始凭证；掌握各种记账凭证的填制方法。

二、实验步骤

（1）认识收款凭证、付款凭证、转账凭证、通用记账凭证实物，总结记账凭证内容要素。

（2）学习《会计基础工作规范》关于“记账凭证的规范”。

（3）观察下列记账凭证的填制范例，熟悉记账凭证各内容要素的填制方法。

记账凭证范例如下：

收 款 凭 证

借方科目 银行存款　　2013 年 05 月 12 日　　银收字第 09 号

摘要	贷方总帐科目	明细科目	记帐符号	金额									
				千	百	十	万	千	百	十	元	角	分
销售商品	主营业务收入						1	0	0	0	0	0	0
销售商品	应交税费	应交增值税（销）						1	7	0	0	0	0
合计						¥	1	1	7	0	0	0	0

附单据 2 张

财务主管 李顺　记账 张誉丹　出纳 张力　审核 赵凤玲　制单 赵凤玲

付 款 凭 证

贷 方
科 目 库存现金　　　　2013 年　04 月　15 日　　　　现付字第　12　号

摘要	借方总帐科目	明细科目	记帐符号	千	百	十	万	千	百	十	元	角	分
购买汽油	管理费用								5	9	8	2	9
购买汽油	应交税费	应交增值税（进）							1	0	1	7	1
合计								¥	7	0	0	0	0

附单据 1 张

财务主管　李顺　　记账　张誉丹　　出纳　张力　　审核　赵凤玲　　制单　赵凤玲

转 账 凭 证

2013 年　04 月　18 日　　　　转字第　47　号

摘要	总帐科目	明细科目	√	借方 千	百	十	万	千	百	十	元	角	分	√	贷方 千	百	十	万	千	百	十	元	角	分
计提折旧	管理费用	折旧费							9	3	2	8	7											
计提折旧	累计折旧																			9	3	2	8	7
合计								¥	9	3	2	8	7						¥	9	3	2	8	7

附单据 1 张

财务主管　李顺　　记账　张誉丹　　出纳　张力　　审核　赵凤玲　　制单　赵凤玲

记 账 凭 证

2013 年　05　月　08　日　　　　　　第　18　号

摘　要	科　目	子目或户名	借方金额（亿千百十万千百十元角分）	贷方金额（亿千百十万千百十元角分）	记账√	附件
销售商品	银行存款		¥700000			
	主营业务收入			¥598291		3
	应交税费	应交增值税(销)		¥101709		
						张
合　计			¥700000	¥700000		

财务主管　李顺　　记账　张誉丹　　出纳　张力　　审核　赵凤玲　　制单　赵凤玲

(4) 根据实验资料提供的各项经济业务提要及其原始凭证，填制记账凭证并甄别和粘附相关原始凭证。

(5) 将填制完成并附原始凭证的记账凭证装订成册。

三、实验资料

北京市欣羽空调有限公司 2012 年 12 月 1 日—31 日经济业务相关资料如下：

(一) 有关总账和部分明细账的月初余额

北京市欣羽空调有限公司 2012 年 12 月 1 日各有关总账账户及部分明细账账户期初余额分别见表 4-1～表 4-3。

表 4-1　　总分类账户余额表

2012 年 12 月 1 日

账户名称	期初余额	
	借方	贷方
库存现金	2 000.00	
银行存款	1 230 000.00	
应收账款	20 000.00	
其他应收款	1 000.00	
原材料	707 000.00	
库存商品	280 000.00	
生产成本	140 000.00	

续表

账户名称	期初余额	
	借方	贷方
固定资产	8 000 000.00	
累计折旧		1 000 000.00
短期借款		500 000.00
应付账款		50 000.00
预收账款		2 000.00
应付职工薪酬		42 000.00
应交税费		34 000.00
应付利息		8 000.00
长期借款		1 090 000.00
实收资本		5 000 000.00
盈余公积		703 500.00
本年利润		1 150 000.00
利润分配		800 500.00
合　计	10 380 000.00	10 380 000.00

表 4-2　　　　原材料明细账账户余额表

2012 年 12 月 1 日

材料类别	材料名称	规格型号	计量单位	结存数量	单位成本（元）	金额（元）
外购半成品	压缩机	WBYS-1	套	470	550	258 500
	电机	WBDJ-1	只	460	150	69 000
	小计					327 500
主要材料	钢材	ZCGC-1	吨	5	5 000	25 000
	铜材	ZCTC-1	公斤	3 000	60	180 000
	铝材	ZCLC-1	公斤	1 000	30	30 000
	塑料	ZCSL-1	吨	6	3 500	21 000
	四通阀	ZCTF-1	套	500	55	27 500
	继电器	ZCJD-1	个	500	45	22 500
	小计					306 000
辅助材料	油漆	FCYQ-1	公斤	300	200	60 000
	灯泡	FCDP-1	个	1 000	1.5	1 500
	小计					61 500
包装物	纸箱	BZZX-1	公斤	2 000	1.5	3 000
	泡沫	BZPM-1	公斤	600	15	9 000
	小计					12 000
合计						707 000

表 4-3　　库存商品明细账账户余额表

2012 年 12 月 1 日

库存商品类别	规格型号	计量单位	结存数量	单位成本（元）	金额（元）
单冷空调	Ⅰ型	台	60	2 136	128 160
冷暖空调	Ⅱ型	台	65	2 336	151 840
合计			125		280 000

（二）12 月份发生的经济业务

北京市欣羽空调有限公司 2012 年 12 月份发生如下经济业务（原始凭证见附录三）：

（1）12 月 1 日，公司从银行借款 20 万元，存入银行存款账户（凭证 1）。

（2）12 月 2 日，公司从西安市胜利公司购入冷轧薄钢板 3 吨，每吨 5 000 元，增值税税率 17%，运杂费 600 元，货款及运杂费均已支付（凭证 2～凭证 5）。

（3）12 月 3 日，基本生产车间生产Ⅰ型单冷空调领压缩机 200 套、电机 200 只、钢材 2.5 吨、铜材 1 500 公斤、铝材 500 公斤、塑料 3 吨；生产Ⅱ型冷暖空调领压缩机 200 套、电机 200 只、钢材 2.5 吨、铜材 1 500 公斤、铝材 500 公斤、塑料 3 吨、四通阀 300 套、继电器 300 个（凭证 6～凭证 10）。

（4）12 月 4 日，辅助生产车间领料，其中油漆 200 公斤，灯泡 800 个，纸箱 1 000 公斤，泡沫 300 公斤，平均用于生产Ⅰ型单冷空调和Ⅱ型冷暖空调（凭证 11）。

（5）12 月 5 日，公司签发现金支票，金额 3 000 元，以备采购员出差及公司零星支出使用（凭证 12～凭证 13）。

（6）12 月 8 日，采购员陈明从公司预支差旅费 1 500 元，准备到天津采购，公司以现金付讫（凭证 14）。

（7）12 月 9 日，公司从天津市吉地工贸有限公司赊购压缩机 200 套，每套单价 600 元；赊购电机 200 只，每只 150 元。增值税税率 17%。两种商品共支付运杂费 2 000 元，运杂费以转账支票支付，运杂费按金额比例分配。商品已验收入库（凭证 15～凭证 18）。

（8）12 月 10 日，采购员陈明从天津出差归来，报销差旅费 1 300 元，余款退回（凭证 19～凭证 20）。

（9）12 月 10 日，经办人员前来报销之前所购买的办公用品两批，价值总计 1 200 元，以现金支付（凭证 21～凭证 23）。

（10）12 月 12 日，将 12 月 2 日购入的冷轧薄钢板入库（凭证 24）。

（11）12月12日，公司销售油漆4.1公斤，售价共1 000元，增值税税率17%，以现金收讫。该油漆成本820元（凭证25）。

（12）12月13日，公司购入运输卡车一辆，价格200 000元，增值税税率17%，款项已付。已交付使用（凭证26～凭证29）。

（13）12月13日，公司销售给上海华星股份有限公司Ⅰ型单冷空调50台，单价2 600元，Ⅱ型冷暖空调40台，单价2 800元，开出增值税专用发票一张，并用转账支票垫付铁路运杂费1 450元（凭证30～凭证32）。

（14）12月14日，公司通过网银支付电话费2 380元（凭证33）。

（15）12月15日，以现金支付职工张东困难补助1 000元（凭证34）。

（16）12月15日，公司以转账支票向国家缴纳增值税34 000元（凭证35）。

（17）12月16日，公司从北京吉天工贸有限责任公司购入铜材2 000公斤，单价60元，购铝材500公斤，单价30元，购塑料2吨，单价3 500元，增值税税率17%，款项已付，运费由对方承担，商品已验收入库（凭证36～凭证39）。

（18）12月18日，公司销售给石家庄华光公司Ⅱ型冷暖空调10台，单价2 800元，开出增值税专用发票一张。用现金垫付运杂费500元。23日办理托收（凭证40～凭证43）。

（19）12月20日，以银行存款支付12月9日从天津吉地工贸有限公司赊购的压缩机和电机款（凭证44～凭证47）。

（20）12月20日与银行结算并支付10—12月份借款利息15 000元（凭证48）。

（21）12月21日，公司预付2013年第一季度报刊费800元，以现金支付（凭证49）。

（22）12月22日，公司签发转账支票一张，支付广告费3 000元（凭证50～凭证51）。

（23）12月25日，以银行存款支付本月社会保险金3 510元（凭证52）。

（24）12月26日，公司购买一台无须安装的机器设备，设备价款280 000元，增值税税率17%，以银行存款支付（凭证53～凭证56）。

（25）12月27日，公司销售给北京昊天经贸有限责任公司Ⅰ型单冷空调150台，单价2 600元，Ⅱ型冷暖空调200台，单价2 800元，开出增值税专用发票一张，货款已收（凭证57～凭证59）。

（26）12月31日，结算本月应付职工工资150 000元，其中生产Ⅰ型单冷空调的工人工资48 000元，生产Ⅱ型冷暖空调的工人工资52 000元，车间管理人员和技术人员20 000元，企业管理人员工资30 000元（凭证60）。

（27）12月31日，分别按工资总额的14%、2%、1.5%、10%、2%、12%、8.5%计提职工福利、工会经费、职工教育经费、医疗保险、失业保险、社会养老保险和住房公积金（凭证 61）。

（28）12 月 31 日，以银行存款支付当月职工工资 150 000 元（凭证 62）。

（29）12 月 31 日，计提固定资产折旧 120 000 元，其中管理部门用固定资产折旧 20 000 元，生产部门用固定资产折旧 100 000 元（凭证 63）。

（30）12 月 31 日，汇总本月的制造费用。其中Ⅰ型单冷空调在产品负担 48%，Ⅱ型冷暖空调在产品负担 52%。填制制造费用分配表并编制记账凭证（凭证 64）。

（31）12 月 31 日，结转本月完工入库产品的成本，共生产完工入库空调机 400 台。其中Ⅰ型空调 200 台，共发生成本 426 000 元；Ⅱ型空调 200 台，共发生成本 467 200 元。尚未完工产品成本 140 000 元。计算当月两种产品总成本和单位成本。（产品成本计算表略）

（32）12 月 31 日，汇总结转本月已售产品的成本。假设本月已售产品的单位成本与当月生产完工的产品单位成本相同。（产品销售成本计算表略）

（33）12 月 31 日，结转本期损益：

将本期损益转入“本年利润”；

计算并结转本年所得税费用（按 25%计提 ，假设无所得税调整项目）；

将“本年利润”账户余额转入“利润分配”账户；

按全年税后利润的 10%计提盈余公积；

按全年税后利润的 20%分配给投资者现金股利。

四、实验要求及考核内容

1. 实验要求：

（1）根据上述实验资料提供的各项经济业务提要及附录三提供的原始凭证填制记账凭证。

（2）记账凭证背面粘附相关原始凭证。

（3）将填制完成并附原始凭证的记账凭证装订成册。

2. 考核内容：

（1）记账凭证的填制。

（2）原始凭证的粘附。

（3）记账凭证的装订。

五、实验所需耗材

本实验每人需要耗材为：收款凭证 10 张、付款凭证 30 张、转账凭证 30 张、凭证封皮 6 张、装订线 3 尺、浆糊 1 瓶。

六、实验所需原始凭证

北京市欣羽空调有限公司 2012 年 12 月份发生的经济业务所需原始凭证见附录三。

实验五　现金日记账和银行存款日记账的登记

一、实验目的

通过实验使学生掌握三栏式现金日记账和银行存款日记账的登记方法。

二、实验步骤

（1）登记账簿前要对编制的收、付款凭证相互交换审核，以确保账簿登记的准确性。

（2）登记账簿前应仔细阅读《会计基础工作规范》中关于“登记会计账簿”的规定和《北京市会计基础工作规范实施细则》中关于“会计账簿规范”的规定。

（3）在教材所附账页上分别开设现金日记账、银行存款日记账，并将期初余额登入现金日记账、银行存款日记账。

（4）根据实验四编制的有关收、付款凭证，逐日逐笔登记现金日记账和银行存款日记账，并进行结账。

三、实验资料

（1）北京市欣羽空调有限公司 2012 年 12 月 1 日现金日记账、银行存款日记账期初余额。

（2）北京市欣羽空调有限公司 12 月 1—31 日发生的有关经济业务及其原始凭证、记账凭证。

（3）现金日记账、银行存款日记账空白账页，以备练习和考核。

北京市欣羽空调有限公司 2012 年 12 月 1 日现金日记账、银行存款日记账期初余额见表 4-1。

北京市欣羽空调有限公司 12 月 1—31 日发生的有关经济业务及其原始凭证、记账凭证见实验四实验资料和实验结果。

现金日记账、银行存款日记账空白账页附在本实验之后。

四、实验要求及考核内容

1. 实验要求：

（1）登记现金日记账。

（2）登记银行存款日记账。

2. 考核内容：登记现金日记账和银行存款日记账。

1

现金日记账

年		凭证		摘要	对方科目	借方											核对	贷方											核对	借或贷	余额											核对
月	日	种类	号数			亿	千	百	十	万	千	百	十	元	角	分		亿	千	百	十	万	千	百	十	元	角	分			亿	千	百	十	万	千	百	十	元	角	分	
				过次页																																						

现金日记账

2

年		凭证		摘要	对方科目	借方											核对	贷方											核对	借或贷	余额											核对
月	日	种类	号数			亿	千	百	十	万	千	百	十	元	角	分		亿	千	百	十	万	千	百	十	元	角	分			亿	千	百	十	万	千	百	十	元	角	分	
				过次页																																						

1

银行存款日记账

年		凭证		摘要	对方科目	借方											核对	贷方											核对	借或贷	余额											核对
月	日	种类	号数			亿	千	百	十	万	千	百	十	元	角	分		亿	千	百	十	万	千	百	十	元	角	分			亿	千	百	十	万	千	百	十	元	角	分	
				过次页																																						

银行存款日记账

2

年		凭证		摘要	对方科目	借方											核对	贷方											核对	借或贷	余额											核对
月	日	种类	号数			亿	千	百	十	万	千	百	十	元	角	分		亿	千	百	十	万	千	百	十	元	角	分			亿	千	百	十	万	千	百	十	元	角	分	
				过次页																																						

3

银行存款日记账

年		凭证		摘要	对方科目	借方											核对	贷方											核对	借或贷	余额											核对
月	日	种类	号数			亿	千	百	十	万	千	百	十	元	角	分		亿	千	百	十	万	千	百	十	元	角	分			亿	千	百	十	万	千	百	十	元	角	分	
				过次页																																						

银行存款日记账

4

年		凭证		摘要	对方科目	借方											核对	贷方											核对	借或贷	余额											核对
月	日	种类	号数			亿	千	百	十	万	千	百	十	元	角	分		亿	千	百	十	万	千	百	十	元	角	分			亿	千	百	十	万	千	百	十	元	角	分	
				过次页																																						

实验六　银行存款余额调节表的编制

一、实验目的

通过实验使学生掌握进行银行存款清查并编制银行存款余额调节表的方法。

二、实验步骤

（1）对照银行存款日记账和银行对账单确定未达账项。

（2）假设企业与银行的“银行存款”账面余额计算均无差错，编制银行存款余额调节表。

三、实验资料

（1）北京市欣羽空调有限公司 2012 年 8 月 21—31 日银行存款日记账账面记录。

（2）北京市欣羽空调有限公司 2012 年 8 月 21—31 日银行对账单。

（3）北京市欣羽空调有限公司 2012 年 8 月 21—31 日银行存款余额调节表空白表以备练习和考核。

以上三项资料均附在本实验之后。

四、实验要求及考核内容

1. 实验要求：根据银行存款日记账和银行对账单编制银行存款余额调节表。
2. 考核内容：银行存款余额调节表的编制。

2

银行存款日记账

2012年		凭证编号	结算方式		摘要	借方										√	贷方										√	余额									
月	日		类	号码		千	百	十	万	千	百	十	元	角	分		千	百	十	万	千	百	十	元	角	分		千	百	十	万	千	百	十	元	角	分
8	21				承前页																									3	8	0	5	0	0	0	0
8	21	银付35	转支	#3603	购入材料															4	8	0	0	0	0	0											
	21				本日合计															4	8	0	0	0	0	0				3	3	2	5	0	0	0	0
	22	银付36	转支	#2003	偿付贷款															3	6	8	0	0	0	0											
	22	银付37	转支	#8653	提取现金																4	0	0	0	0	0											
	22				本日合计															4	0	8	0	0	0	0				2	9	1	7	0	0	0	0
	23	银付38	转支	#3605	支付广告费															3	7	2	0	0	0	0											
	23	银付18	委收	#1004	收回货款				2	8	3	0	0	0	0																						
	23				本日合计				2	8	3	0	0	0	0					3	7	2	0	0	0	0				2	8	2	8	0	0	0	0
	24	银付40	转支	#3611	代垫运杂费																6	0	0	0	0	0											
	24				本日合计																6	0	0	0	0	0				2	7	2	8	0	0	0	0
	25	银付41	现支	#8654	预付差旅费																3	5	0	0	0	0											
	25	银付19	委收	#1006	销售产品				1	8	9	5	0	0	0																						
	25				本日合计				1	8	9	5	0	0	0					3	5	0	0	0	0					2	9	9	2	2	5	0	0
	26	银付42	汇票	#2005	购入设备															5	7	4	0	0	0	0											
	26	银付20	本票	#8461	预收货款				9	5	3	8	0	0	0																						
	26				本日合计				9	5	3	8	0	0	0					5	7	4	0	0	0	0				3	3	0	2	3	0	0	0
	27	银付43	转支	#3614	购买办公用品																	6	0	0	0	0											
	27	银付44	转支	#3617	支付养路费																3	8	0	0	0	0											
	27				本日合计																4	4	0	0	0	0				3	2	5	8	3	0	0	0
	28	银付45	转支	#3618	预付货款															5	0	0	0	0	0	0											
	28				本日合计															5	0	0	0	0	0	0				2	7	5	8	3	0	0	0
	29	银付21	转支	#3685	收回货款				1	7	3	9	0	0	0																						
					过次页			1	6	0	0	2	0	0	0				2	4	7	3	0	0	0	0				2	9	3	2	2	0	0	0

银行存款日记账

3

2012年		凭证编号	结算方式		摘要	借方										√	贷方										√	余额									
月	日		类	号码		千	百	十	万	千	百	十	元	角	分		千	百	十	万	千	百	十	元	角	分		千	百	十	万	千	百	十	元	角	分
8	29				承前页																									2	9	3	2	2	0	0	0
	29				本日合计				1	7	3	9	0	0	0															2	9	3	2	2	0	0	0
	30	现付19	回单	＃24	存入现金					2	0	0	0	0	0																						
	30	银付46	现支	＃8658	预付差旅费																2	7	8	0	0	0											
	30				本日合计					2	0	0	0	0	0						2	7	8	0	0	0				2	9	2	4	4	0	0	0
	30				本月合计			1	6	2	0	2	0	0	0				2	5	0	0	8	0	0	0				2	9	2	4	4	0	0	0

中国工商银行客户存款对账单

网点号：0066　　　　币种：人民币（本位币）　　　单位：元

账号：0200006600008888　　　户名：北京市欣羽空调有限公司

日期	交易类型	凭证种类	凭证号	摘要	借方发生额	贷方发生额
08-22	转账	转支-清分机	#3603	货款	48,000.00	
08-22	转账	现支（密）	#8653	备用金	4,000.00	
08-24	转账	转支-清分机	#3605	广告费	37,200.00	
08-25	转账	000	#0000	存款利息		5,900.00
08-25	转账	现支（密）	#8654	差旅费	3,500.00	
08-26	转账	转支-清分机	#8461	货款		95,380.00
08-26	转账	转支-清分机	#3614	办公用品款	600.00	
08-29	转账	转支-清分机	#2003	货款	36,800.00	
08-29	转账	专托	#5721	电话费	3,800.00	
08-29	转账	转支-清分机	#3617	养路费	3,800.00	
08-30	转账	持转	#1902	贷款利息	3,500.00	
08-30	转账	回单	#24	存现		2,000.00
08-29	转账	专托	#1195	水电费	4,800.00	
08-31	转账	委收	#1009	运费		4,000.00
08-31	转账	汇票	#2005	设备[illegible]	57,400.00	

中国工商银行股份有限公司北京开阳路支行 2012.08.31 核算用章

截止：2012年08月31日　账户余额：284,380.00　保留余额：0.00　冻结余额：0.00　透支余额0.00　可用余额：284,380.00

银行存款余额调节表

银行账号：　　　　　　　　　　　　　　　　　　　　　自　　　年　　月　　日至　　月　　日

银行对账单余额				调节后存款余额		企业银行存款账余额				调节后存款余额	
年		摘　要	记账凭证号	加：单位已收银行未收的款项	减：单位已付银行未付的款项	年		摘　要	银行凭证号	加：银行已收单位未收的款项	减：银行已付单位未付的款项
月	日					月	日				
		合　计						合　计			

复核：　　　　　　　　　　　　　　　制表：　　　　　　　　　　　　　年　　月　　日

实验七　原材料和库存商品明细账的登记

一、实验目的

原材料和库存商品是存货的重要组成部分，对原材料和库存商品进行明细核算是企业加强物资管理的重要环节，原材料和库存商品明细账的登记是明细核算的典型业务。通过实验使学生掌握原材料和库存商品数量金额式明细账的登记方法。

二、实验步骤

（1）登记账簿前要对实验四所编制的记账款凭证相互交换审核，以确保账簿登记的准确性。

（2）登记账簿前进一步领会《会计基础工作规范》中关于“登记会计账簿”的有关规定和《北京市会计基础工作规范实施细则》中关于“会计账簿规范”的有关规定。

（3）在教材所附数量金额式明细账的空白账页上分别开设各种原材料和库存商品明细账，并将期初余额登入原材料和库存商品明细账。

（4）根据实验四编制的有关记账凭证，逐日逐笔登记各原材料及库存商品明细账，并进行结账。

三、实验资料

（1）北京市欣羽空调有限公司 2012 年 12 月 1 日各种原材料和库存商品期初余额。

（2）北京市欣羽空调有限公司 12 月 1—31 日发生的有关经济业务及其原始凭证、记账凭证。

（3）数量金额式明细账的空白账页。

北京市欣羽空调有限公司 2012 年 12 月 1 日各种原材料和库存商品期初余额

见表 4-1。

北京市欣羽空调有限公司 12 月 1—31 日发生的有关经济业务及其原始凭证、记账凭证见实验四的实验资料和实验结果。

数量金额式明细账的空白账页附在本实验之后以备练习和考核用。

四、实验要求及考核内容

1. 实验要求：

（1）登记各种原材料明细账。

（2）登记各种库存商品明细账。

2. 考核内容：登记原材料明细账和库存商品明细账。

月	日	进　价	调拨价	批发价	零售价

明 细 分 类 账

最高存量	
最低存量	

总第……页

分第……页

编号……

部类……产地……单位……规格……品名……

年		凭证		摘　要	借　方													贷　方													余　额													√
					数量	单价	金　额											数量	单价	金　额											数量	单价	金　额											
月	日	字	号				亿	千	百	十	万	千	百	十	元	角	分			亿	千	百	十	万	千	百	十	元	角	分			亿	千	百	十	万	千	百	十	元	角	分	

月	日	进价	调拨价	批发价	零售价

明细分类账

最高存量	
最低存量	

总第……页

分第……页

编号……

部类……　产地……　单位……　规格……　品名……

年		凭证		摘要	借方													贷方													余额													√
					数量	单价	金额											数量	单价	金额											数量	单价	金额											
月	日	字	号				亿	千	百	十	万	千	百	十	元	角	分			亿	千	百	十	万	千	百	十	元	角	分			亿	千	百	十	万	千	百	十	元	角	分	

月	日	进价	调拨价	批发价	零售价

明细分类账

最高存量	
最低存量	

总第……页

分第……页

编号……

部类…… 产地…… 单位…… 规格…… 品名……

年		凭证		摘要	借方													贷方													余额													√
月	日	字	号		数量	单价	金额											数量	单价	金额											数量	单价	金额											
							亿	千	百	十	万	千	百	十	元	角	分			亿	千	百	十	万	千	百	十	元	角	分			亿	千	百	十	万	千	百	十	元	角	分	

月	日	进价	调拨价	批发价	零售价

明细分类账

最高存量	
最低存量	

总第……页
分第……页
编号……

部类…… 产地…… 单位…… 规格…… 品名……

年		凭证		摘要	借方												贷方												余额												√
					数量	单价	金额										数量	单价	金额										数量	单价	金额										
月	日	字	号				亿	千	百	十	万	千	百	十	元	角	分		亿	千	百	十	万	千	百	十	元	角	分		亿	千	百	十	万	千	百	十	元	角	分	

月	日	进价	调拨价	批发价	零售价

明细分类账

最高存量	
最低存量	

总第……页
分第……页
编号……

部类……产地……单位……规格……品名……

年		凭证		摘要	借方			贷方			余额			√
月	日	字	号		数量	单价	金额 亿千百十万千百十元角分	数量	单价	金额 亿千百十万千百十元角分	数量	单价	金额 亿千百十万千百十元角分	

月	日	进价	调拨价	批发价	零售价

明细分类账

最高存量	
最低存量	

总第______页
分第______页
编号______

部类______ 产地______ 单位______ 规格______ 品名______

年		凭证		摘要	借方													贷方													余额													√
月	日	字	号		数量	单价	金额											数量	单价	金额											数量	单价	金额											
							亿	千	百	十	万	千	百	十	元	角	分			亿	千	百	十	万	千	百	十	元	角	分			亿	千	百	十	万	千	百	十	元	角	分	

月	日	进价	调拨价	批发价	零售价

最高存量	
最低存量	

总第……页

分第……页

编号……

明细分类账

部类…… 产地…… 单位…… 规格…… 品名……

年		凭证		摘要	借方												贷方												余额												√
					数量	单价	金额										数量	单价	金额										数量	单价	金额										
月	日	字	号				亿	千	百	十	万	千	百	十	元	角	分		亿	千	百	十	万	千	百	十	元	角	分		亿	千	百	十	万	千	百	十	元	角	分

月	日	进　价	调拨价	批发价	零售价

明 细 分 类 账

最高存量	
最低存量	

总第……页

分第……页

编号……

部类……产地……单位……规格……品名……

年		凭证		摘　要	借　方													贷　方													余　额													√
					数量	单价	金　额											数量	单价	金　额											数量	单价	金　额											
月	日	字	号				亿	千	百	十	万	千	百	十	元	角	分			亿	千	百	十	万	千	百	十	元	角	分			亿	千	百	十	万	千	百	十	元	角	分	

月	日	进价	调拨价	批发价	零售价

明细分类账

最高存量	
最低存量	

总第……页
分第……页
编号……

部类…… 产地…… 单位…… 规格…… 品名……

年		凭证		摘要	借方													贷方													余额													√
月	日	字	号		数量	单价	金额											数量	单价	金额											数量	单价	金额											
							亿	千	百	十	万	千	百	十	元	角	分			亿	千	百	十	万	千	百	十	元	角	分			亿	千	百	十	万	千	百	十	元	角	分	

月	日	进价	调拨价	批发价	零售价

明细分类账

最高存量	
最低存量	

总第……页
分第……页
编号……

部类……产地……单位……规格……品名……

年		凭证		摘要	借方													贷方													余额													√
					数量	单价	金额											数量	单价	金额											数量	单价	金额											
月	日	字	号				亿	千	百	十	万	千	百	十	元	角	分			亿	千	百	十	万	千	百	十	元	角	分			亿	千	百	十	万	千	百	十	元	角	分	

月	日	进　价	调拨价	批发价	零售价

明细分类账

最高存量	
最低存量	

总第＿＿＿＿页
分第＿＿＿＿页
编号＿＿＿＿

部类＿＿＿＿ 产地＿＿＿＿ 单位＿＿＿＿ 规格＿＿＿＿ 品名＿＿＿＿

年		凭证		摘要	借方													贷方													余额													√
					数量	单价	金额											数量	单价	金额											数量	单价	金额											
月	日	字	号				亿	千	百	十	万	千	百	十	元	角	分			亿	千	百	十	万	千	百	十	元	角	分			亿	千	百	十	万	千	百	十	元	角	分	

月	日	进价	调拨价	批发价	零售价

明细分类账

最高存量	
最低存量	

总第______页
分第______页
编号______

部类______　产地______　单位______　规格______　品名______

年		凭证		摘要	借方													贷方													余额													✓
					数量	单价	金额											数量	单价	金额											数量	单价	金额											
月	日	字	号				亿	千	百	十	万	千	百	十	元	角	分			亿	千	百	十	万	千	百	十	元	角	分			亿	千	百	十	万	千	百	十	元	角	分	

月	日	进 价	调拨价	批发价	零售价

明细分类账

最高存量	
最低存量	

总第……页
分第……页
编号……

部类…… 产地…… 单位…… 规格…… 品名……

年		凭证		摘要	借方												贷方												余额												√
					数量	单价	金额										数量	单价	金额										数量	单价	金额										
月	日	字	号				亿	千	百	十	万	千	百	十	元	角	分			亿	千	百	十	万	千	百	十	元	角	分			亿	千	百	十	万	千	百	十	元	角	分	

月	日	进价	调拨价	批发价	零售价

明细分类账

最高存量	
最低存量	

总第……页

分第……页

编号……

部类……　产地……　单位……　规格……　品名……

年		凭证		摘要	借方													贷方													余额													√
月	日	字	号		数量	单价	金额											数量	单价	金额											数量	单价	金额											
							亿	千	百	十	万	千	百	十	元	角	分			亿	千	百	十	万	千	百	十	元	角	分			亿	千	百	十	万	千	百	十	元	角	分	

月	日	进　价	调拨价	批发价	零售价

明细分类账

最高存量	
最低存量	

总第……页
分第……页
编号……

部类…… 产地…… 单位…… 规格…… 品名……

年		凭证		摘要	借方													贷方													余额													√
					数量	单价	金额											数量	单价	金额											数量	单价	金额											
月	日	字	号				亿	千	百	十	万	千	百	十	元	角	分			亿	千	百	十	万	千	百	十	元	角	分			亿	千	百	十	万	千	百	十	元	角	分	

月	日	进价	调拨价	批发价	零售价

明细分类账

最高存量	
最低存量	

总第……页
分第……页
编号……

部类…… 产地…… 单位…… 规格…… 品名……

年		凭证		摘要	借方													贷方													余额													√
月	日	字	号		数量	单价	金额											数量	单价	金额											数量	单价	金额											
							亿	千	百	十	万	千	百	十	元	角	分			亿	千	百	十	万	千	百	十	元	角	分			亿	千	百	十	万	千	百	十	元	角	分	

月	日	进价	调拨价	批发价	零售价

明细分类账

最高存量	
最低存量	

总第……页

分第……页

编号……

部类…… 产地…… 单位…… 规格…… 品名……

年		凭证		摘要	借方													贷方													余额													√
月	日	字	号		数量	单价	金额											数量	单价	金额											数量	单价	金额											
							亿	千	百	十	万	千	百	十	元	角	分			亿	千	百	十	万	千	百	十	元	角	分			亿	千	百	十	万	千	百	十	元	角	分	

月	日	进价	调拨价	批发价	零售价

明细分类账

最高存量 ______
最低存量 ______

总第______页
分第______页
编号______

部类______ 产地______ 单位______ 规格______ 品名______

年		凭证		摘要	借方													贷方													余额													√
					数量	单价	金额											数量	单价	金额											数量	单价	金额											
月	日	字	号				亿	千	百	十	万	千	百	十	元	角	分			亿	千	百	十	万	千	百	十	元	角	分			亿	千	百	十	万	千	百	十	元	角	分	

月	日	进价	调拨价	批发价	零售价

明细分类账

最高存量	
最低存量	

总第________页

分第________页

编号________

部类________ 产地________ 单位________ 规格________ 品名________

年		凭证		摘要	借方													贷方													余额													√
					数量	单价	金额											数量	单价	金额											数量	单价	金额											
月	日	字	号				亿	千	百	十	万	千	百	十	元	角	分			亿	千	百	十	万	千	百	十	元	角	分			亿	千	百	十	万	千	百	十	元	角	分	

月	日	进价	调拨价	批发价	零售价

明细分类账

最高存量	
最低存量	

总第……页

分第……页

编号……

部类……　产地……　单位……　规格……　品名……

年		凭证		摘要	借方													贷方													余额													√
月	日	字	号		数量	单价	金额											数量	单价	金额											数量	单价	金额											
							亿	千	百	十	万	千	百	十	元	角	分			亿	千	百	十	万	千	百	十	元	角	分			亿	千	百	十	万	千	百	十	元	角	分	

实验八　科目汇总表账务处理程序

一、实验目的

通过实验使学生掌握科目汇总表账务处理程序，掌握科目汇总表的编制，掌握总分类账户的登记方法。

二、实验步骤

（1）假设各总分类账户根据科目汇总表，每10天汇总登记一次。
（2）开设总分类账户并登记月初余额。
（3）根据实验四的记账凭证，编制2012年12月1—31日的科目汇总表。
（4）根据科目汇总表，登记总分类账户，并进行结账。
（5）月末结账后，进行试算平衡，检查总分类账账户登记是否正确。
（6）检查“原材料”和“库存商品”总账与相关明细账是否符合平行登记原则。

三、实验资料

（1）北京市欣羽空调有限公司2012年12月1日总分类账户期初余额。
（2）北京市欣羽空调有限公司2012年12月1—31日发生的有关经济业务及其原始凭证、记账凭证。
（3）科目汇总表空白表格。

北京市欣羽空调有限公司2012年12月1日总分类账户期初余额见下表。

总分类账户余额表

2012年12月1日

账户名称	期初余额	
	借方	贷方
库存现金	2 000.00	
银行存款	1 230 000.00	
应收账款	20 000.00	

续表

账户名称	期初余额	
	借方	贷方
其他应收款	1 000.00	
原材料	707 000.00	
库存商品	280 000.00	
生产成本	140 000.00	
固定资产	8 000 000.00	
累计折旧		1 000 000.00
短期借款		500 000.00
应付账款		50 000.00
预收账款		2 000.00
应付职工薪酬		42 000.00
应交税费		34 000.00
应付利息		8 000.00
长期借款		1 090 000.00
实收资本		5 000 000.00
盈余公积		703 500.00
本年利润		1 150 000.00
利润分配		800 500.00
合计	10 380 000.00	10 380 000.00

北京市欣羽空调有限公司 2012 年 12 月 1—31 日发生的有关经济业务及其原始凭证、记账凭证见实验四的实验资料和实验结果。

科目汇总表空白表格附在本实验之后，一式两份以备练习和考核用。

四、实验要求及考核内容

1. 实验要求：

（1）编制 12 月 1—31 日的科目汇总表。

（2）开设总分类账户，并使用口取纸将账户加以区分。

（3）登记月初余额。

（4）汇总登记本期发生额。

（5）结账。

2. 考核内容：

（1）填制 12 月 1—31 日的科目汇总表。

（2）总分类账户的开设情况。

（3）总分类账户的登记和结账结果。

五、所用耗材

每个学生需准备总分类账簿 1 本，红色和蓝色口取纸各 1 联。

科目汇总表

2012 年 12 月 1—10 日

会计科目	过账	本期发生额		记账凭证起讫号数
		借方	贷方	
				1. 现金收款凭证自第　号至　号； 2. 现金付款凭证自第　号至　号； 3. 银存收款凭证自第　号至　号； 4. 银存付款凭证自第　号至　号； 5. 转账凭证自第　号至　号。
合计				

科目汇总表

2012 年 12 月 11—20 日

<table>
<tr><th rowspan="2">会计科目</th><th rowspan="2">过账</th><th colspan="2">本期发生额</th><th rowspan="2">记账凭证起讫号数</th></tr>
<tr><th>借方</th><th>贷方</th></tr>
<tr><td></td><td></td><td></td><td></td><td>1. 现金收款凭证自第　号至　号；
2. 现金付款凭证自第　号至　号；
3. 银存收款凭证自第　号至　号；
4. 银存付款凭证自第　号至　号；
5. 转账凭证自第　号至　号。</td></tr>
<tr><td>合计</td><td></td><td></td><td></td><td></td></tr>
</table>

科目汇总表

2012 年 12 月 21—31 日

会计科目	过账	本期发生额		记账凭证起讫号数
		借方	贷方	
				1. 现金收款凭证自第　号至　号； 2. 现金付款凭证自第　号至　号； 3. 银存收款凭证自第　号至　号； 4. 银存付款凭证自第　号至　号； 5. 转账凭证自第　号至　号。
合计				

科目汇总表

2012 年 12 月 1—10 日

会计科目	过账	本期发生额		记账凭证起讫号数
		借方	贷方	
				1. 现金收款凭证自第 号至 号； 2. 现金付款凭证自第 号至 号； 3. 银存收款凭证自第 号至 号； 4. 银存付款凭证自第 号至 号； 5. 转账凭证自第 号至 号。
合计				

科目汇总表

2012 年 12 月 11—20 日

会计科目	过账	本期发生额		记账凭证起讫号数
		借方	贷方	
				1. 现金收款凭证自第　号至　号； 2. 现金付款凭证自第　号至　号； 3. 银存收款凭证自第　号至　号； 4. 银存付款凭证自第　号至　号； 5. 转账凭证自第　号至　号。
合计				

科目汇总表

2012 年 12 月 21—31 日

会计科目	过账	本期发生额		记账凭证起讫号数
		借方	贷方	
				1. 现金收款凭证自第　号至　号； 2. 现金付款凭证自第　号至　号； 3. 银存收款凭证自第　号至　号； 4. 银存付款凭证自第　号至　号； 5. 转账凭证自第　号至　号。
合计				

实验九　财务报表的编制

一、实验目的

通过实验使学生初步掌握资产负债表、利润表的编制原理和方法。

二、实验步骤

（1）将实验八编制的北京市欣羽空调有限公司 2012 年 12 月份各损益账户本期发生额及有关总分类账户月末余额相互交换审核，以确保编制报表的准确性。

（2）检查核对该公司总分类账户与所属明细分类账户余额是否方向相同、金额相等。

（3）编制北京市欣羽空调有限公司 2012 年 12 月 31 日资产负债表。

（4）编制北京市欣羽空调有限公司 2012 年 12 月份利润表。

三、实验资料

（1）北京市欣羽空调有限公司 2012 年 12 月总分类账户月末余额。

（2）北京市欣羽空调有限公司 2012 年 12 月份各损益账户本期发生额。

（3）资产负债表空白表格和利润表空白表格。

北京市欣羽空调有限公司 2012 年 12 月份各损益账户本期发生额及有关总分类账户月末余额见实验八的科目汇总表和总分类账。

资产负债表和利润表空白表格各一式两份附在本实验之后，以备练习和考核用。

四、实验要求及考核内容

1. 实验要求：

（1）编制北京市欣羽空调有限公司 2012 年 12 月 31 日的资产负债表。

（2）编制北京市欣羽空调有限公司 2012 年 12 月份利润表。

2. 考核内容：

（1）编制北京市欣羽空调有限公司 2012 年 12 月 31 日的资产负债表。

（2）编制北京市欣羽空调有限公司 2012 年 12 月份利润表。

资产负债表

会企 01 表

编制单位：　　　　　　　　　　年　月　日　　　　　　　　　　单位：元

资产	期末余额	年初余额	负债和所有者权益（或股东权益）	期末余额	年初余额
流动资产：			流动负债：		
货币资金			短期借款		
交易性金融资产			交易性金融负债		
应收票据			应付票据		
应收账款			应付账款		
预付款项			预收款项		
应收利息			应付职工薪酬		
应收股利			应交税费		
其他应收款			应付利息		
存货			应付股利		
一年内到期的非流动资产			其他应付款		
其他流动资产			一年内到期的非流动负债		
流动资产合计			其他流动负债		
非流动资产：			流动负债合计		
可供出售金融资产			非流动负债：		
持有至到期投资			长期借款		
长期股权投资			长期应付款		
投资性房地产			专项应付款		
固定资产			预计负债		
在建工程			递延所得税负债		
工程物资			其他非流动负债		
固定资产清理			非流动负债合计		
无形资产			负债合计		
开发支出			所有者权益（或股东权益）：		
商誉			实收资本（或股本）		
长期待摊费用			资本公积		
其他非流动资产			盈余公积		
			未分配利润		
非流动资产合计			所有者权益（或股东权益）合计		
资产总计			负债和所有者权益（或股东权益）总计		

资产负债表

会企 01 表

编制单位：　　　　　　　　　　　年　月　日　　　　　　　　　　　单位：元

资产	期末余额	年初余额	负债和所有者权益（或股东权益）	期末余额	年初余额
流动资产：			流动负债：		
货币资金			短期借款		
交易性金融资产			交易性金融负债		
应收票据			应付票据		
应收账款			应付账款		
预付款项			预收款项		
应收利息			应付职工薪酬		
应收股利			应交税费		
其他应收款			应付利息		
存货			应付股利		
一年内到期的非流动资产			其他应付款		
其他流动资产			一年内到期的非流动负债		
流动资产合计			其他流动负债		
非流动资产：			流动负债合计		
可供出售金融资产			非流动负债：		
持有至到期投资			长期借款		
长期股权投资			长期应付款		
投资性房地产			专项应付款		
固定资产			预计负债		
在建工程			递延所得税负债		
工程物资			其他非流动负债		
固定资产清理			非流动负债合计		
无形资产			负债合计		
开发支出			所有者权益（或股东权益）：		
商誉			实收资本（或股本）		
长期待摊费用			资本公积		
其他非流动资产			盈余公积		
			未分配利润		
非流动资产合计			所有者权益（或股东权益）合计		
资产总计			负债和所有者权益（或股东权益）总计		

利润表

会企 02 表

编制单位：　　　　　　　　　　年　　月　　　　　　　　　　单位：元

项目	本期金额	上期金额
一、营业收入		
减：营业成本		
营业税金及附加		
销售费用		
管理费用		
财务费用		
资产减值损失		
加：公允价值变动收益（损失以“—”号填列）		
投资收益（损失以“—”号填列）		
其中：对联营企业和合营企业的投资收益		
二、营业利润（亏损以“—”号填列）		
加：营业外收入		
减：营业外支出		
其中：非流动资产处置损失		
三、利润总额（亏损总额以“—”号填列）		
减：所得税费用		
四、净利润（净亏损以“—”号填列）		
五、每股收益：		
（一）基本每股收益		
（二）稀释每股收益		

利润表

会企 02 表

编制单位：　　　　　　　　　　　　年　　月　　　　　　　　　　　　单位：元

项目	本期金额	上期金额
一、营业收入		
减：营业成本		
营业税金及附加		
销售费用		
管理费用		
财务费用		
资产减值损失		
加：公允价值变动收益（损失以"—"号填列）		
投资收益（损失以"—"号填列）		
其中：对联营企业和合营企业的投资收益		
二、营业利润（亏损以"—"号填列）		
加：营业外收入		
减：营业外支出		
其中：非流动资产处置损失		
三、利润总额（亏损总额以"—"号填列）		
减：所得税费用		
四、净利润（净亏损以"—"号填列）		
五、每股收益：		
（一）基本每股收益		
（二）稀释每股收益		

附录一　会计基础工作规范

第一章　总则

第一条　为了加强会计基础工作，建立规范的会计工作秩序，提高会计工作水平，根据《中华人民共和国会计法》的有关规定，制定本规范。

第二条　国家机关、社会团体、企业、事业单位、个体工商户和其他组织的会计基础工作，应当符合本规范的规定。

第三条　各单位应当依据有关法律、法规和本规范的规定，加强会计基础工作，严格执行会计法规制度，保证会计工作依法有序地进行。

第四条　单位领导人对本单位的会计基础工作负有领导责任。

第五条　各省、自治区、直辖市财政厅（局）要加强对会计基础工作的管理和指导，通过政策引导、经验交流、监督检查等措施、促进基层单位加强会计基础工作，不断提高会计工作水平。

国务院各业务主管部门根据职责权限管理本部门的会计基础工作。

第二章　会计机构和会计人员

第一节　会计机构设置和会计人员配备

第六条　各单位应当根据会计业务的需要设置会计机构；不具备单独设置会计机构条件的应当在有关机构中配备专职会计人员。

事业行政单位会计机构的设置和会计人员的配备，应当符合国家统一事业行政单位会计制度的规定。

设置会计机构，应当配备会计机构负责人；在有关机构中配备专职会计人员，应当在专职会计人员中指定会计主管人员。

会计机构负责人、会计主管人员的任免，应当符合《中华人民共和国会计法》和有关法律的规定。

第七条　会计机构负责人、会计主管人员应当具备下列基本条件：

（一）坚持原则，廉洁奉公；

（二）具有会计专业技术资格；

（三）主管一个单位或者单位内一个重要方面的财务会计工作时间不少于二年；

（四）熟悉国家财经法律、法规、规章和方针、政策，掌握本行业业务管理的有关知识；

（五）有较强的组织能力；

（六）身体状况能够适应本职工作的要求。

第八条 没有设置会计机构和配备会计人员的单位，应当根据《代理记账管理暂行办法》委托会计师事务所或者持有代理记账许可证书的其他代理记账机构进行代理记账。

第九条 大、中型企业、事业单位、业务主管部门应当根据法律和国家有关规定设置总会计师。总会计师由具有会计师以上专业技术资格的人员担任。

总会计师行使《总会计师条例》规定的职责、权限。

总会计师的任命（聘任）、免职（解聘）依照《总会计师条例》和有关法律的规定办理。

第十条 各单位应当根据会计业务需要配备持有会计证的会计人员。未取得会计证的人员，不得从事会计工作。

第十一条 各单位应当根据会计业务需要设置会计工作岗位。

会计工作岗位一般可分为：会计机构负责人或者会计主管人员，出纳，财产物资核算，工资核算，成本费用核算，财务成果核算，资金核算，往来结算，总账报表，稽核，档案管理等。开展会计电算化和管理会计的单位，可以根据需要设置相应工作岗位，也可以与其他工作岗位相结合。

第十二条 会计工作岗位，可以一人一岗、一人多岗或者一岗多人。但出纳人员不得兼管稽核、会计档案保管和收入、费用、债权债务账目的登记工作。

第十三条 会计人员的工作岗位应当有计划地进行轮换。

第十四条 会计人员应当具备必要的专业知识和专业技能，熟悉国家有关法律、法规、规章和国家统一会计制度，遵守职业道德。

会计人员应当按照国家有关规定参加会计业务的培训。各单位应当合理安排会计人员的培训，保证会计人员每年有一定时间用于学习和参加培训。

第十五条 各单位领导人应当支持会计机构、会计人员依法行使职权；对忠于职守，坚持原则，做出显著成绩的会计机构、会计人员，应当给予精神的和物质的奖励。

第十六条 国家机关、国有企业、事业单位任用会计人员应当实行回避制度。

单位领导人的直系亲属不得担任本单位的会计机构负责人、会计主管人员。会计机构负责人、会计主管人员的直系亲属不得在本单位会计机构中担任出纳工作。

需要回避的直系亲属为：夫妻关系、直系血亲关系、三代以内旁系血亲以及配偶亲关系。

第二节　会计人员职业道德

第十七条　会计人员在会计工作中应当遵守职业道德，树立良好的职业品质、严谨的工作作风，严守工作纪律，努力提高工作效率和工作质量。

第十八条　会计人员应当热爱本职工作，努力钻研业务，使自己的知识和技能适应从事工作的要求。

第十九条　会计人员应当熟悉财经法律、法规、规章和国家统一会计制度，并结合会计工作进行广泛宣传。

第二十条　会计人员应当按照会计法律、法规和国家统一会计制度规定的程序和要求进行会计工作，保证所提供的会计信息合法、真实、准确、及时、完整。

第二十一条　会计人员办理会计事务应当实事求是、客观公正。

第二十二条　会计人员应当熟悉本单位的生产经营和业务管理情况，运用掌握的会计信息和会计方法，为改善单位内部管理、提高经济效益服务。

第二十三条　会计人员应当保守本单位的商业秘密。除法律规定和单位领导人同意外，不能私自向外界提供或者泄露单位的会计信息。

第二十四条　财政部门、业务主管部门和各单位应当定期检查会计人员遵守职业道德的情况，并作为会计人员否晋升、晋级、聘任专业职务、表彰奖励的重要考核依据。

会计人员违反职业道德的，由所在单位进行处罚；情节严重的，由会计证发证机关吊销其会计证。

第三节　会计工作交接

第二十五条　会计人员工作调动或者因故离职，必须将本人所经管的会计工作全部移交给接替人员。没有办清交接手续的，不得调动或者离职。

第二十六条　接替人员应当认真接管移交工作，并继续办理移交的未了事项。

第二十七条　会计人员办理移交手续前，必须及时做好以下工作：

（一）已经受理的经济业务尚未填制会计凭证的，应当填制完毕。

（二）尚未登记的账目，应当登记完毕，并在最后一笔余额后加盖经办人员印章。

（三）整理应该移交的各项资料，对未了事项写出书面材料。

（四）编制移交清册，列明应当移交的会计凭证、会计账簿、会计报表、印章、现金、有价证券、支票簿，发票、文件、其他会计资料和物品等内容；实行会计电算化的单位，从事该项工作的移交人员还应当在移交清册中列明会计软件及密码、会计软件数据磁盘（磁带等）及有关资料、实物等内容。

第二十八条 会计人员办理交接手续，必须有监交人负责监交。一般会计人员交接，由单位会计机构负责人、会计主管人员负责监交；会计机构负责人、会计主管人员交接，由单位领导人负责监交，必要时可由上级主管部门派人会同监交。

第二十九条 移交人员在办理移交时，要按移交清册逐项移交；接替人员要逐项核对点收。

（一）现金有价证券要根据会计账簿有关记录进行点交。库存现金、有价证券必须与会计账簿记录保持一致。不一致时，移交人员必须限期查清。

（二）会计凭证，会计账簿、会计报表和其他会计资料必须完整无缺。如有短缺，必须查清原因，并在移交清册中注明，由移交人员负责。

（三）银行存款账户余额要与银行对账单核对，如不一致，应当编制银行存款余额调节表调节相符，各种财产物资和债权债务的明细账户余额要与总账有关账户余额核对相符；必要时，要抽查个别账户的余额，与实物核对相符，或者与往来单位、个人核对清楚。

（四）移交人员经手的票据、印章和其他实物等，必须交接清楚；移交人员从事会计电算化工作的，要对有关电子数据在实际操作状态下进行交接。

第三十条 会计机构负责人、会计主管人员移交时，还必须将全部财务会计工作、重大财务收支和会计人员的情况等，向接替人员详细介绍。对需要移交的遗留问题，应当写出书面材料。

第三十一条 交接完毕后，交接双方和监交人员要在移交清册上签名或者盖章。并应在移交清册上注明：单位名称，交接日期，交接双方和监交人员的职务、姓名，移交清册页数以及需要说明的问题和意见等。

移交清册一般应当填制一式三份，交接双方各执一份，存档一份。

第三十二条 接替人员应当继续使用移交的会计账簿，不得自行另立新账，以保持会计记录的连续性。

第三十三条 会计人员临时离职或者因病不能工作且需要接替或者代理的，会计机构负责人、会计主管人员或者单位领导人必须指定有关人员接替或者代理，并办理交接手续。

临时离职或者因病不能工作的会计人员恢复工作的，应当与接替或者代理人员办理交接手续。

移交人员因病或者其他特殊原因不能亲自办理移交的，经单位领导人批准，可由移交人员委托他人代办移交，但委托人应当承担本规范第三十五条规定的责任。

第三十四条　单位撤销时，必须留有必要的会计人员，会同有关人员办理清理工作，编制决算。未移交前，不得离职。接收单位和移交日期由主管部门确定。单位合并、分立的，其会计工作交接手续比照上述有关规定办理。

第三十五条　移交人员对所移交的会计凭证、会计账簿、会计报表和其他有关资料的合法性、真实性承担法律责任。

第三章　会计核算

第一节　会计核算一般要求

第三十六条　各单位应当按照《中华人民共和国会计法》和国家统一会计制度的规定建立会计账册，进行会计核算，及时提供合法、真实、准确、完整的会计信息。

第三十七条　各单位发生的下列事项，应当及时办理会计手续、进行会计核算：

（一）款项和有价证券的收付；

（二）财物的收发、增减和使用；

（三）债权债务的发生和结算；

（四）资本、基金的增减；

（五）收入、支出、费用、成本的计算；

（六）财务成果的计算和处理；

（七）其他需要办理会计手续、进行会计核算的事项。

第三十八条　各单位的会计核算应当以实际发生的经济业务为依据，按照规定的会计处理方法进行，保证会计指标的口径一致、相互可比和会计处理方法的前后各期相一致。

第三十九条　会计年度自公历1月1日起至12月31日止。

第四十条　会计核算以人民币为记账本位币。

收支业务以外国货币为主的单位，也可以选定某种外国货币作为记账本位币，但是编制的会计报表应当折算为人民币反映。

境外单位向国内有关部门编报的会计报表，应当折算为人民币反映。

第四十一条 各单位根据国家统一会计制度的要求，在不影响会计核算要求、会计报表指标汇总和对外统一会计报表的前提下可以根据实际情况自行设置和使用会计科目。

事业行政单位会计科目的设置和使用，应当符合国家统一事业行政单位会计制度的规定。

第四十二条 会计凭证、会计账簿、会计报表和其他会计资料的内容和要求必须符合国家统一会计制度的规定，不得伪造、变造会计凭证和会计账簿，不得设置账外账，不得报送虚假会计报表。

第四十三条 各单位对外报送的会计报表格式由财政部统一规定。

第四十四条 实行会计电算化的单位，对使用的会计软件及其生成的会计凭证、会计账簿、会计报表和其他会计资料的要求，应当符合财政部关于会计电算化的有关规定。

第四十五条 各单位的会计凭证、会计账簿、会计报表和其他会计资料，应当建立档案，妥善保管。会计档案建档要求、保管期限、销毁办法等依据《会计档案管理办法》的规定进行。

实行会计电算化的单位，有关电子数据、会计软件资料等应当作为会计档案进行管理。

第四十六条 会计记录的文字应当使用中文，少数民族自治地区可以同时使用少数民族文字。中国境内的外商投资企业、外国企业和其他外国经济组织也可以同时使用某种外国文字。

第二节 填制会计凭证

第四十七条 各单位办理本规范第三十七条规定的事项，必须取得或者填制原始凭证，并及时送交会计机构。

第四十八条

原始凭证的基本要求是：

（一）原始凭证的内容必须具备：凭证的名称；填制凭证的日期；填制凭证单位名称或者填制人姓名，经办人员的签名或者盖章；接受凭证单位名称；经济业务内容；数量、单价和金额。

（二）从外单位取得的原始凭证，必须盖有填制单位的公章；从个人取得的原始凭证，必须有填制人员的签名或者盖章。自制原始凭证必须有经办单位领导人或者其指定的人员签名或者盖章。对外开出的原始凭证，必须加盖本单位公章。

（三）凡填有大写和小写金额的原始凭证，大写与小写金额必须相符。购买实物的原始凭证，必须有验收证明。支付款项的原始凭证，必须有收款单位和收款人的收款证明。

（四）一式几联的原始凭证，应当注明各联的用途，只能以一联作为报销凭证。

一式几联的发票和收据，必须用双面复写纸（发票和收据本身具备复写纸功能的除外）套写，并连续编号。作废时应当加盖“作废”戳记，连同存根一起保存，不得撕毁。

（五）发生销货退回的，除填制退货发票外，还必须有退货验收证明；退款时，必须取得对方的收款收据或者汇款银行的凭证，不得以退货发票代替收据。

（六）职工公出借款凭据，必须附在记账凭证之后。收回借款时，应当另开收据或者退还借据副本，不得退还原借款收据。

（七）经上级有关部门批准的经济业务，应当将批准文件作为原始凭证附件。如果批准文件需要单独归档的，应当在凭证上注明批准机关名称、日期和文件字号。

第四十九条　原始凭证不得涂改、挖补。发现原始凭证有错误的，应当由开出单位重开或者更正，更正处应当加盖开出单位的公章。

第五十条　会计机构、会计人员要根据审核无误的原始凭证填制记账凭证。

记账凭证可以分为收款凭证、付款凭证和转账凭证，也可以使用通用记账凭证。

第五十一条　记账凭证的基本要求是：

（一）记账凭证的内容必须具备：填制凭证的日期，凭证编号；经济业务摘要；会计科目；金额；所附原始凭证张数；填制凭证人员、稽核人员、记账人员、会计机构负责人、会计主管人员签名或者盖章。收款和付款记账凭证还应当由出纳人员签名或者盖章。

以自制的原始凭证或者原始凭证汇总表代替记账凭证的，也必须具备记账凭证应有的项目。

（二）填制记账凭证时，应当对记账凭证进行连续编号。一笔经济业务需要填制两张以上记账凭证的，可以采用分数编号法编号。

（三）记账凭证可以根据每一张原始凭证填制，或者根据若干张同类原始凭证汇总填制，也可以根据原始凭证汇总表填制。但不得将不同内容和类别的原始凭证汇总填制在一张记账凭证上。

（四）除结账和更正错误的记账凭证可以不附原始凭证外，其他记账凭证必须附有原始凭证、如果一张原始凭证涉及几张记账凭证，可以把原始凭证附在一张主要的记账凭证后面，并在其他记账凭证上注明附有该原始凭证的记账凭证的编号或者附原始凭证复印件。

一张原始凭证所列支出需要几个单位共同负担的，应当将其他单位负担的部分，开给对方原始凭证分割单，进行结算。原始凭证分割单必须具备原始凭证的基本内容：凭证名称，填制凭证日期、填制凭证单位名称或者填制人姓名、经办人的签名或者盖章、接受凭证单位名称、经济业务内容、数量、单价、金额和费用分摊情况等。

（五）如果在填制记账凭证时发生错误，应当重新填制。

已经登记入账的记账凭证，在当年内发现填写错误时，可以用红字填写一张与原内容相同的记账凭证，在摘要栏注明“注销某月某日某号凭证”字样，同时再用蓝字重新填制一张正确的记账凭证，注明“订正某月某日某号凭证”字样。如果会计科目没有错误，只是金额错误，也可以将正确数字与错误数字之间的差额，另编一张调整的记账凭证，调增金额用蓝字，调减金额用红字。发现以前年度记账凭证有错误的，应当用蓝字填制一张更正的记账凭证。

（六）记账凭证填制完经济业务事项后，如有空行，应当自金额栏最后一笔金额数字下的空行处至合计数上的空行处划线注销。

第五十二条 填制会计凭证，字迹必须清晰、工整，并符合下列要求：

（一）阿拉伯数字应当一个一个地写，不得连笔写。阿拉伯金额数字前面应当书写货币币种符号或者货币名称简写和币种符号。币种符号与阿拉伯金额数字之间不得留有空白。凡阿拉数字前写有币种符号的，数字后面不再写货币单位。

（二）所有以元为单位（其他货币种类为货币基本单位，下同）的阿拉伯数字，除表示单价等情况外，一律填写到角分；无角分的，角位和分位可写“00”，或者符号“—”；有角无分的，分位应当写“0”，不得用符号“—”代替。

（三）汉字大写数字金额如零、壹、贰、叁、肆、伍、陆、柒、捌、玖、拾、佰、仟、万、亿等，一律用正楷或者行书体书写，不得用O、一、二、三、四、五、六、七、八、九、十等简化字代替，不得任意自造简化字。大写金额数字到元或者角为止的，在“元”或者“角”字之后应当写“整”字或者“正”字，大写金额数字有分的，分字后面不写“整”或者“正”字。

（四）大写金额数字前未印有货币名称的，应当加填货币名称，货币名称与金额数字之间不得留有空白。

（五）阿拉伯金额数字中间有“0”时，汉字大写金额要写“零”字；阿拉伯数字金额中间连续有几个“0”时，汉字大写金额中可以只写一个“零”字；阿拉伯金额数字元位是“0”，或者数字中间连续有几个“0”、元位也是“0”但角位不是“0”时，汉字大写金额可以只写一个“零”字，也可以不写“零”字。

第五十三条　实行会计电算化的单位，对于机制记账凭证，要认真审核，做到会计科目使用正确，数字准确无误。打印出的机制记账凭证要加盖制单人员、审核人员、记账人员及会计机构负责人、会计主管人员印章或者签字。

第五十四条　各单位会计凭证的传递程序应当科学、合理，具体办法由各单位根据会计业务需要自行规定。

第五十五条　会计机构、会计人员要妥善保管会计凭证。

（一）会计凭证应当及时传递，不得积压。

（二）会计凭证登记完毕后，应当按照分类和编号顺序保管，不得散乱丢失。

（三）记账凭证应当连同所附的原始凭证或者原始凭证汇总表，按照编号顺序，折叠整齐，按期装订成册，并加具封面，注明单位名称、年度、月份和起讫日期、凭证种类、起讫号码，由装订人在装订线封签处签名或者盖章。

对于数量过多的原始凭证，可以单独装订保管，在封面上注明记账凭证日期、编号、种类，同时在记账凭证上注明“附件另订”和原始凭证名称及编号。

各种经济合同、存出保证金收据以及涉外文件等重要原始凭证，应当另编目录，单独登记保管，并在有关的记账凭证和原始凭证上相互注明日期和编号。

（四）原始凭证不得外借，其他单位如因特殊原因需要使用原始凭证时，经本单位会计机构负责人、会计主管人员批准，可以复制。向外单位提供的原始凭证复制件，应当在专设的登记簿上登记，并由提供人员和收取人员共同签名或者盖章。

（五）从外单位取得的原始凭证如有遗失，应当取得原开出单位盖有公章的证明，并注明原来凭证的号码、金额和内容等，由经办单位会计机构负责人、会计主管人员和单位领导人批准后，才能代作原始凭证。如果确实无法取得证明的，如火车、轮船、飞机票等凭证，由当事人写出详细情况，由经办单位会计机构负责人、会计主管人员和单位领导人批准后，代作原始凭证。

第三节　登记会计账簿

第五十六条　各单位应当按照国家统一会计制度的规定和会计业务的需要设置会计账簿。会计账簿包括总账、明细账、日记账和其他辅助性账簿。

第五十七条　现金日记账和银行存款日记账必须采用订本式账簿。不得用银行对账单或者其他方法代替日记账。

第五十八条　实行会计电算化的单位，用计算机打印的会计账簿必须连续编号，经审核无误后装订成册，并由记账人员和会计机构负责人、会计主管人员签字或者盖章。

第五十九条 启用会计账簿时，应当在账簿封面上写明单位名称和账簿名称。在账簿扉页上应当附启用表，内容包括：启用日期、账簿页数、记账人员和会计机构负责人、会计主管人员姓名，并加盖名章和单位公章。记账人员或者会计机构负责人、会计主管人员调动工作时，应当注明交接日期，接办人员或者监交人员姓名，并由交接双方人员签名或者盖章。

启用订本式账簿，应当从第一页到最后一页顺序编定页数，不得跳页、缺号。使用活页式账页，应当按账户顺序编号，并须定期装订成册。装订后再接实际使用的账页顺序编定页码。另加目录，记明每个账户的名称和页次。

第六十条 会计人员应当根据审核无误的会计凭证登记会计账簿。登记账簿的基本要求是：

（一）登记会计账簿时，应当将会计凭证日期、编号、业务内容摘要、金额和其他有关资料逐项记入账内，做到数字准确，摘要清楚、登记及时、字迹工整。

（二）登记完毕后，要在记账凭证上签名或者盖章，并注明已经登账的符号，表示已经记账。

（三）账簿中书写的文字和数字上面要留有适当空格，不要写满格，一般应占格距的二分之一。

（四）登记账簿要用蓝黑墨水或者碳素墨水书写，不得使用圆珠笔（银行的复写账簿除外）或者铅笔书写。

（五）下列情况，可以用红色墨水记账：

1. 按照红字冲账的记账凭证，冲销错误记录；

2. 在不设借贷等栏的多栏式账页中，登记减少数；

3. 在三栏式账户的余额栏前如未印明余额方向的，在余额栏内登记负数余额；

4. 根据国家统一会计制度的规定可以用红字登记的其他会计记录。

（六）各种账簿按页次顺序连续登记，不得跳行、隔页。如果发现跳行、隔页，应当将空行、空页划线注销，或者注明“此行空白”、“此页空白”字样，并由记账人员签名或者盖章。

（七）凡需要结出余额的账户，结出余额后，应当在“借或贷”等栏内写明“借”或者“贷”等字样。没有余额的账户，应当在“借或贷”等栏内写“平”字，并在余额栏内用“0”表示。

现金日记账和银行存款日记账必须逐日结出余额。

（八）每一账页登记完毕结转下页时，应当结出本页合计数及余额，写在本页最后行和下页第一行有关栏内，并在摘要栏内注明“过次页”和“承前页”字样，也可以将本页合计数及金额只写在下页第一行有关栏内，并在摘要栏注明“承前页”字样。

对需要结计本月发生额的账户，结计“过次页”的本页合计数应当为自本月初起至本页末止的发生额合计数；对需要结计本年累计发生额的账户，结计“过次页”的本页合计数应当为自年初起至本页末止的累计数；对既不需要结计本月发生额也不需要结计本年累计发生额的账户，可以只将每页末的余额结转次页。

第六十一条 实行会计电算化的单位，总账和明细账应当定期打印。

发生收款和付款业务的，在输入收款凭证和付款凭证的当天必须打印出现金日记账和银行存款日记账，并与库存现金核对无误。

第六十二条 账簿记录发生错误，不准涂改、挖补、刮擦或者用药水消除字迹，不准重新抄写，必须按照下列方法进行更正：

（一）登记账簿时发生错误，应当将错误的文字或者数字划红线注销，但必须使原有字迹仍可辨认；然后在划线上方填写正确的文字或者数字，并由记账人员在更正处盖章。对于错误的数字应当全部划红线更正，不得只更正其中的错误数字。对于文字错误，可只划去错误的部分。

（二）由于记账凭证错误而使账簿记录发生错误，应当按更正的记账凭证登记账簿。

第六十三条 各单位应当定期对会计账簿记录的有关数字与库存实物、货币资金、有价证券，往来单位或者个人等进行相互核对，保证账证相符、账账相符，账实相符。对账工作每年至少进行一次。

（一）账证核对。核对会计账簿记录与原始凭证、记账凭证的时间、凭证字号、内容、金额是否一致，记账方向是否相符。

（二）账账核对。核对不同会计账簿之间的账簿记录是否相符，包括：总账有关账户的余额核对，总账与明细账核对，总账与日记账核对，会计部门的财产物资明细账与财产物资保管和使用部门的有关明细账核对等。

（三）账实核对。核对会计账簿记录与财产等实有数额是否相符包括：现金日记账账面余额与现金实际库存数相核对；银行存款日记账账面余额定期与银行对账单相核对；各种财物明细账账面余额与财物实存数额相核对；各种应收、应付款明细账账面余额与有关债务、债权单位或者个人核对等。

第六十四条 各单位应当按照规定定期结账。

（一）结账前，必须将本期内所发生的各项经济业务全部登记入账。

（二）结账时，应当结出每个账户的期末余额。需要结出当月发生额的，应当在摘要栏内注明“本月合计”字样，并在下面通栏划单红线。需要结出本年累计发生额的，应当在摘要栏内注明“本年累计”字样，并在下面通栏划单红线；12 月末的“本年累计”就是全年累计发生额。全年累计发生额下面应当通栏划双红线。年度终了结账时，所有总账账户都应当结出全年发生额和年末余额。

（三）年度终了，要把各账户的余额结转到下一会计年度，并在摘要栏注明“结转下年”字样；在下一会计年度新建有关会计账簿的第一行余额栏内填写上年结转的余额，并在摘要栏注明“上年结转”字样。

第四节　编制财务报告

第六十五条　各单位必须按照国家统一会计制度的规定，定期编制财务报告。

财务报告包括会计报表及其说明。会计报表包括会计报表主表，会计报表附表、会计报表附注。

第六十六条　各单位对外报送的财务报告应当根据国家统一会计制度规定的格式和要求编制。

单位内部使用的财务报告，其格式和要求由各单位自行规定。

第六十七条　会计报表应当根据登记完整、核对无误的会计账簿记录和其他有关资料编制，做到数字真实、计算准确、内容完整、说明清楚。

任何人不得篡改或者授意、指使、强令他人篡改会计报表的有关数字。

第六十八条　会计报表之间、会计报表各项目之间，凡有对应关系的数字，应当相互一致。本期会计报表与本期会计报表之间有关的数字应当相互衔接。如果不同会计年度会计报表中各项目的内容和核算方法有变更的，应当在年度会计报表中加以说明。

第六十九条　各单位应当按照国家统一会计制度的规定认真编写会计报表附注及其说明，做到项目齐全，内容完整。

第七十条　各单位应当按照国家规定的期限对外报送财务报告。

对外报送的财务报告，应当依次编定页码，加具封面，装订成册，加盖公章。封面上应当注明：单位名称，单位地址，财务报告所属年度、季度、月度，送出日期，并由单位领导人、总会计师、会计机构负责人、会计主管人员签名或者盖章。

单位领导人对财务报告的合法性、真实性负法律责任。

第七十一条　根据法律和国家有关规定应当对财务报告进行审计的，财务报告编制单位应当先行委托注册会计师进行审计，并将注册会计师出具的会计报告随同财务报告按照规定的期限报送有关部门。

第七十二条　如果发现对外报送的财务报告有错误。应当及时办理更正手续。除更正本单位留存的财务报告外，并应同时通知接受财务报告的单位更正。错误较多的，应当重新编报。

第四章　会计监督

第七十三条　各单位的会计机构、会计人员对本单位的经济活动进行会计监督。

第七十四条　会计机构、会计人员进行会计监督的依据是：

（一）财经法律、法规、规章；

（二）会计法律、法规和国家统一会计制度；

（三）各省、自治区、直辖市财政厅（局）和国务院业务主管部门根据《中华人民共和国会计法》和国家统会计制度制定的具体实施办法或者补充规定；

（四）各单位根据《中华人民共和国会计法》和国家统一会计制度制定的单位内部会计管理制度；

（五）各单位内部的预算、财务计划、经济计划、业务计划等。

第七十五条　会计机构、会计人员应当对原始凭证进行审核和监督。

对不真实、不合法的原始凭证，不予受理。对弄虚作假、严重违法的原始凭证，在不予受理的同时，应当予以扣留，并及时向单位领导人报告，请求查明原因，追究当事人的责任。

对记载不准确、不完整的原始凭证，予以退回，要求经办人员更正、补充。

第七十六条　会计机构、会计人员对伪造、变造、故意毁灭会计账簿或者账外设账行为，应当制止和纠正；制止和纠正无效的，应当向上级主管单位报告，请求作出处理。

第七十七条　会计机构、会计人员应当对实物、款项进行监督，督促建立并严格执行财产清查制度。发现账簿记录与实物、款项不符时，应当按照国家有关规定进行处理。超出会计机构、会计人员职权范围的，应当立即向本单位领导报告，请求查明原因，作出处理。

第七十八条　会计机构、会计人员对指使、强令编造、篡改财务报告行为，应当制止和纠正，制止和纠正无效的，应当向上级主管单位报告，请求处理。

第七十九条　会计机构、会计人员应当对财务收支进行监督。

（一）对审批手续不全的财务收支，应当退回，要求补充、更正。

（二）对于违反规定不纳入单位统一会计核算的财务收支，应当制止和纠正。

（三）对违反国家统一的财政、财务、会计制度规定的财务收支，不予办理。

（四）对认为是违反国家统一的财政、财务、会计制度规定的财务收支应当制止和纠正，制止和纠正无效的应当向单位领导人提出书面意见，请求处理。

单位领导人应当在接到书面意见起十日内作出书面决定，并对决定承担责任。

（五）对违反国家统一的财政、财务、会计制度规定的财务收支，不予制止和纠正，又不向单位领导人提出书面意见的也应当承担责任。

（六）对严重违反国家利益和社会公众利益的财务收支，应当向主管单位或者财政、审计、税务机关报告。

第八十条 会计机构、会计人员对违反单位内部会计管理制度的经济活动，应当制止和纠正；制止和纠正无效的，向单位领导人报告，请求处理。

第八十一条 会计机构、会计人员应当对单位制定的预算，财务计划、经济计划、业务计划的执行情况进行监督。

第八十二条 各单位必须依照法律和国家有关规定接受财政、审计、税务等机关的监督，如实提供会计凭证、会计账簿、会计报表和其他会计资料以及有关情况，不得拒绝、隐匿、谎报。

第八十三条 按照法律规定应当委托注册会计师进行审计的单位，应当委托注册会计师进行审计，并配合注册会计师的工作，如实提供会计凭证、会计账簿、会计报表和其他会计资料以及有关情况，不得拒绝、隐匿、谎报，不得示意注册会计师出具不当的审计报告。

第五章　内部会计管理制度

第八十四条 各单位应当根据《中华人民共和国会计法》和国家统一会计制度的规定，结合单位类型和内部管理的需要，建立健全相应的内部会计管理制度。

第八十五条 各单位制定内部会计日常管理制度，应当遵循下列原则：

（一）应当执行法律、法规和国家统一的财务会计制度。

（二）应当体现本单位的生产经营、业务管理的特点和要求。

（三）应当全面规范本单位的各项会计工作，建立健全会计基础，保证会计工作的有序进行。

（四）应当科学、合理，便于操作和执行。

（五）应当定期检查执行情况。

（六）应当根据管理需要和执行中的问题，不断完善。

第八十六条 各单位应当建立内部会计管理体系。主要内容包括：单位领导人、总会计师对会计工作的领导职责，会计部门及其会计机构负责人、会计主管人员的职责、权限；会计部门与其他职能部门的关系；会计核算的组织形式等。

第八十七条　各单位应当建立会计人员岗位责任制度。主要内容包括：会计人员的工作岗位设置；各会计工作岗位的职责和标准；各会计工作岗位的人员和具体分工；会计工作岗位轮换办法；对各会计工作岗位的考核办法。

第八十八条　各单位应当建立账务处理程序制度。主要内容包括：会计科目及其明细科目的设置和使用；会计凭证的格式、审核要求和传递程序；会计核算方法；会计账簿的设置；编制会计报表的种类和要求；单位会计指标体系。

第八十九条　各单位应当建立内部牵制制度。主要内容包括：内部牵制制度的原则；组织分工；出纳岗位的职责和限制条件，有关岗位的职责权限。

第九十条　各单位应当建立稽核制度。主要内容包括：稽核工作的组织形式和具体分工；稽核工作的职责、权限；审核会计凭证和复核会计账簿、会计报表的方法。

第九十一条　各单位应当建立原始记录管理制度。主要内容包括：原始记录的内容和填制方法；原始记录的格式，原始记录的审核；原始记录填制人的责任；原始记录签署、传递、汇集要求。

第九十二条　各单位应当建立定额管理制度。主要内容包括：定额管理的范围；制定和修订定额的依据、程序和方法；定额的执行；定额考核和奖惩办法等。

第九十三条　各单位应当建立计量验收制度。主要内容包括：计量检测手段和方法；计量验收管理的要求；计量验收人员的责任和奖惩办法。

第九十四条　各单位应当建立财产清查制度。主要内容包括：财产清查的范围；财产清查的组织；财产清查的期限和方法；对财产清查中发现问题的处理办法；对财产管理人员的奖惩办法。

第九十五条　各单位应当建立财务收支审批制度。主要内容包括：财务收支审批人员和审批权限；财务收支审批程序，财务收支审批人员的责任。

第九十六条　实行成本核算的单位应当建立成本核算制度。主要内容包括：成本核算的对象；成本核算的方法和程序；成本分析等。

第九十七条　各单位应当建立财务会计分析制度。主要内容包括：财务会计分析的主要内容；财务会计分析的基本要求和组织程序；财务会计分析的具体方法；财务会计分析报告的编写要求等。

第六章　附则

第九十八条　本规范所称国家统一会计制度，是指由财政部制定、或者财政部与国务院有关部门联合制定、或者经财政部审核批准的在全国范围内统一执行的会计规章、准则、办法等规范性文件。

本规范所称会计主管人员，是指不设置会计机构、只在其他机构中设置专职会计人员的单位行使会计机构负责人职权的人员。

本规范第三章第二节和第三节关于填制会计凭证、登记会计账簿的规定，除特别指出外，一般适用于手工记账。实行会计电算化的单位，填制会计凭证和登记会计账簿的有关要求，应当符合财政部关于会计电算化的有关规定。

第九十九条 各省、自治区、直辖市财政厅（局）、国务院各业务主管部门可以根据本规范的原则，结合本地区、本部门的具体情况，制定具体实施办法，报财政部备案。

第一百条 本规范由财政部负责解释、修改。

第一百零一条 本规范自公布之日起实施。1984 年 4 月 24 日财政部发布的《会计人员工作规则》同时废止。

（引自《财政部关于印发〈会计基础工作规范〉的通知》（财会字〔1996〕19 号），1996 年 6 月 17 日颁布）

附录二　北京市会计基础工作规范实施细则

第一章　总则

一、为了进一步落实《中华人民共和国会计法》（以下简称《会计法》），规范会计工作行为，加强会计基础工作，建立良好科学的会计工作秩序，加速会计工作科学化、现代化进程，充分发挥会计工作在社会主义市场经济管理中的作用，根据《会计法》第五条第二款“地方各级人民政府的财政部门管理本地区的会计工作”的规定，特制定本细则。

二、本细则是根据《会计法》、《会计人员工作规则》、《企业会计准则》及新行业制度的原则性规定结合北京市会计基础工作中存在的问题而制定的会计工作具体操作规范，目的是使会计人员在从事会计工作时具有全面、系统、明确的标准，便于执行和考核。

三、本细则适用于本市企业（包括集团、公司）、事业、机关、团体等一切有会计工作的单位。

四、单位领导人对本单位的会计基础工作负有领导责任；各级业务主管部门应当依据业务分工，管理本部门（本系统）的会计基础工作。

五、本细则包括以下内容：会计机构、人员的设置及管理规范；会计核算全过程的基础工作规范，包括：审核原始凭证、填制记账凭证、设置会计账簿、记账、算账、对账、结账、查账、编制财务报告；建立健全内部会计管理制度，办理会计工作交接及会计档案管理规范等。

第二章　会计机构、会计人员管理规范

一、各级主管部门和大中型企业都要按《会计法》的规定，单独设置会计机构（即不要把会计机构附设在其他部门之内），确定会计人员名额编制，配备具有相应业务素质、持有会计证的会计人员，建立和完善会计人员岗位责任制。小型企业要设置专职会计人员。

按规定可以不设置会计机构和会计人员的单位，应当委托会计师事务所、审

计事务所或者持有代理记账许可证书的其他代理记账机构进行代理记账。

二、会计人员岗位责任制要同本单位的经济（经营）责任制相联系。以责定权，责权明确，严格考核，有奖有惩。

三、会计工作人员的岗位一般可分为：会计主管、出纳、财产物资核算、收入利润核算、资金核算、工资核算、成本费用核算、往来结算、总账报表、税务核算、稽核、管理会计、会计电算化管理、会计事务管理等，这些岗位可以一人一岗，一人多岗或一岗多人。各单位可以根据行业特点、规模大小、业务繁简和人员多少情况具体确定。

四、各个岗位的会计人员在明确分工的前提下，要从整体出发，发扬相互协作精神，紧密配合，共同做好会计工作。会计人员的工作岗位要有计划地进行轮换，以便会计人员能够全面熟悉各项工作。但出纳人员不得兼管稽核、会计档案保管和收入、费用、债权、债务账目的登记工作；出纳以外的会计人员不得经管现金、有价证券和票据；会计主管人员不得兼任出纳工作。

实现会计电算化的单位，出纳员、程序编制人员，不得兼任微机录入工作，不得进行系统操作。

五、各单位领导人要加强对会计工作的领导，以身作则，依法办事，加强对在职会计人员的培训，要保证会计人员每年至少有 12 天的时间用于学习和培训。提高会计人员的政治素质和专业素质，培养高尚的职业道德。要对会计人员进行考绩，充分调动会计人员的积极性，保持会计队伍稳定。对忠于职守、坚持原则，做出显著成绩的会计人员，应当给予精神的和物质的奖励。会计人员的任免应严格按照《会计法》和北京市有关规定办理。

六、国家机关、国有企业、事业单位任用会计人员应当实行回避制度。单位领导人的直系亲属不得担任本单位的会计机构负责人、会计主管人员。会计机构负责人、会计主管人员的直系亲属不得在本单位会计机构中担任出纳工作。

需要回避的直系亲属为：夫妻关系、直系血亲关系、三代以内旁系血亲以及配偶亲关系。

第三章　会计基础工作一般规范

一、《会计法》第七条规定：下列事项，应当办理会计手续，进行会计核算。

（一）款项和有价证券的收付；

（二）财物的收发、增减和使用；

（三）债权债务的发生和结算；

（四）资本、基金的增减和经费的收支；

（五）收入、费用、成本的计算；

（六）财务成果的计算和处理；

（七）其他需要办理会计手续、进行会计核算的事项。

上述会计事项在经济业务发生时都要遵循国家规定的会计核算程序送交本单位会计机构办理会计核算手续。

二、办理会计事项要求书写正规的文字与数字。书写正规的文字和数字，是会计人员的基本功，也是会计基础工作好坏的重要标志。凡未实现会计电算化的单位，会计数字与文字书写应按照以下规定执行。

（一）填制会计凭证、登记账簿和编制会计报表等，应使用钢笔或碳素笔，用蓝色或黑色墨水，禁止使用圆珠笔或铅笔；按规定需要书写红字的，用红墨水，需要复写的会计凭证、会计报表，可使用圆珠笔。

（二）在凭证、账簿、报表上填写摘要或数字时，要在格子的上方留有二分之一的空距，用以更正错误。

（三）书写阿拉伯数字，应紧靠底线书写，字体要自右上方斜向左下方，倾斜度为55度～60度。字与字之间的距离要相同，大约空出半个数字的位置，数字之间不许连写。

写6上出头，写7和9下出头，并超过底线，出头的长度约为一般字体高度的四分之一；写0时，字高、字宽要与其他数字相同；写6、8、9、0时，圆圈必须封口。

（四）大写金额数字，应用汉字正楷或行书体书写。书写的文字以国务院公布的简化字为标准，力求工整、清晰。不要自造简化字，也不要滥用繁笔字，禁止使用连笔字。

大写（正楷、行书）：壹、贰、叁、肆、伍、陆、柒、捌、玖、拾、佰、仟、万、亿、圆（元）、角、分、零、整（正）。不得用一、二、三、四、五、六、七、八、九、十、念、毛、仨、另（0）等字样代替。

大写金额数字到元或角为止的，在“元”或“角”字之后应写“整”或“正”字样，大写金额数字有分的，分字后面不写“整”或“正”字。

大写金额数字前未印有人民币字样，应加填“人民币”三字，“人民币”三字与金额数字之间不得留有空白。小写金额数字合计前，要填写人民币符号“¥”，与金额数字之间也不得留有空白。

阿拉伯金额数字之间有0时，汉字大写金额要写“零”字，如101.50，汉字大写金额应写成人民币壹佰零壹元伍角整。阿拉伯金额数字中间连续有几个“0”时，汉字大写金额中可以只写一个“零”字，如1 004.56，汉字大写金额应写成人民币壹仟零肆圆伍角陆分，阿拉伯金额数字元位是“0”，或数字之间连续有几个“0”，元位也是“0”，但角位不是“0”时，汉字大写金额可只写一个“零”字，也可不写“零”字，如 1 320.56，汉字大写金额应写成人民币壹仟叁佰贰拾圆零伍角陆分，或人民币壹仟叁佰贰拾圆伍角陆分。又如 1 000.56，汉字大写金额应写成人民币壹仟圆零伍角陆分，或人民币壹仟圆伍角陆分。

（五）书写数字发生错误时，要采用正确的更正方法即将错误数字全数用单红线注销，并在错误数字上盖章，另在上方填写正确的数字，严禁用刮擦涂抹或用药水消除字迹方法改错。

三、正确使用各种印章。

（一）财务专用章必须由专人保管，使用时须征得财务负责人同意；“现金收讫”、“现金付讫”、“银行收讫”、“银行付讫”章由出纳人员专用；“转账收讫”、“转账付讫”章也要指定专人保管使用。

（二）填制记账凭证时，会计科目、明细科目可以刻制会计科目章，科目章规格，最大不超过四号字，最小不小于五号字，字样为仿宋体或楷体为宜。

（三）会计人员每人应刻制一枚长方形名章，用于原始凭证、记账凭证、会计报表等指定位置和更正数字，其规格不超过账表横格的三分之二。

（四）盖会计科目章，用蓝色印油；盖姓名章，用红色印油，字迹要清晰。

（五）支票与印鉴应分别保管，不得由出纳一人管理。

四、会计年度自公历一月一日起至十二月三十一日止。

五、会计核算以人民币为记账本位币。收支业务以外国货币为主的单位，也可以选定某种外国货币作为记账本位币，但是编制的会计报表应当折算为人民币反映。

第四章　会计凭证规范

一、原始凭证规范

（一）根据《会计法》第十一条规定，企业单位对发生的每一项经济业务必须取得或填制合法的原始凭证。

（二）原始凭证应必备以下内容。

凭证名称：填制凭证日期；填制凭证单位名称；填制人姓名；经办人员签名或盖章；接受凭证的单位全称；经济业务内容；数量、单价、金额。

（三）从外单位取得的凭证和对外开具的凭证必须盖有“发票”专用章或财务印章；自制原始凭证必须有收款人、经办人员和部门负责人签名或盖章。

（四）购买实物的原始凭证，必须有验收证明。

各种收付款项的原始凭证应由出纳人员签名或盖章，并分别加盖现金银行收付讫或转讫章。

发票必须有税务部门监制印章，收据必须有财政部门监制印章。

发生销货退回时，除填制退货发票外，退款时，必须取得对方的收款收据或汇款银行的凭证，不得以退货发票代替收据。

职工因公借款的借据，必须附在记账凭证上，记账时，应另开收据，不得退还原借款借据。

一式几联的原始凭证，应当注明各联的用途，只能以一联作为报销凭证。

一式几联的发票收据，必须用双面复写纸套写，并连续编号。作废时应加盖“作废”戳记，连同存根一起保存，不得销毁。

（五）增值税专用发票必须按下列规定开具：

1. 项目填写齐全，全部联次一次填开，上、下联的内容和金额一致。

2. 字迹清楚，不得涂改。如填写有误，应另行开具专用发票，并在误填的专用发票上联数齐全的注明“误填作废”四字。如专用发票开具后因购货方不索取而成为废票的，也应按填写有误办理。

3. 发票联和抵扣联加盖单位财务专用章或发票专用章，不得加盖其他财务印章。根据不同版本的专用发票。财务专用章或发票专用章分别加盖在专用发票的左下角或右下角，覆盖“开票单位”一栏。财务专用章或发票专用章使用红色印泥。

4. 纳税人开具专用发票必须预先加盖专用发票销货单位栏戳记。不得手工填写“销货单位”栏，用手工填写的，属于未按规定开具专用发票，购货方不得作为扣税凭证。专用发票销货单位栏戳记用蓝色印泥。

5. 开具专用发票，必须在“金额”、“税额”栏合计（小写）数前用“¥”符号封顶，在“价税合计（大写）”栏大写合计数前用“¥”符号封顶。

购销双方单位名称必须详细填写，不得简写。如果单位名称较长，可在“名称”栏分上下两行填写，必要时可出该栏的上下横线。

6. 发生退货，销售折让收到购货方抵扣联、发票的处理方法。

（1）销货方如果未将记账联作账务处理，应在收到的发票联和抵扣联及相应的存根联、记账联上注明“作废”字样，并依次粘贴在存根联后面，下月领购专用发票时随同其他专用发票存根联一起提交税务机关检查。

（2）销货方已将记账联作账务处理，可开具相同内容的红字专用发票，将红字专用发票的记账联撕下作为扣减当期销项税额的凭证，存根联、抵扣联和发票联不得撕下，必须将收回的蓝色专用发票抵扣联、发票联粘贴在红字专用发票联后面，并在红字专用发票联上方分别注明蓝字和红字专用发票记账联的会计记账凭证的填制日期（年、月、日）和凭证编号。否则不得用红字专用发票扣减当期销项税额。

7. 税务机关代开专用发票，除加盖纳税人财务专用章外，必须同时加盖税务机关代开增值税专用发票章，专用章加盖在专用发票底端的中间位置，使用红色印泥。凡未加盖上述用章的，购货方一律不得作为抵扣凭证。

8. 不得拆本使用专用发票。

（六）有附件的必须注明附件自然张数，有效金额必须相等。

经过上级批准的经济业务，应将批准文件原件或复印件作为原始凭证附件，也可在凭证上注明批准机关名称、日期和文件字号，原件另行保管。

各种附件应附在原始凭证背面。如附件张数较多，应从原始凭证的右上角起按自右至左顺序重叠粘贴，不得遮盖报销金额，如单据过多，原始凭证背面不够粘贴时，另用白纸粘贴，附在原始凭证背面。

公共电汽车及地铁车票，只粘贴报销金额部分，各种卡片或车船票应将票面撕下粘贴，飞机票不粘贴，与原始凭证放在一起。

各种附件大于原始凭证的，应按原始凭证大小折叠，附在原始凭证后面。如有破损应粘贴补齐。破损严重无法辨认时，应重新取得，确有困难的，其经济业务内容与金额由经办人员另附说明，经单位领导批准。

（七）企业单位还可根据自己的经营业务范围，制订一些自制原始凭证，为规范会计基础工作，现附部分财务收支及核算自制凭证统一参考格式。（格式略）

（八）可将同一经济业务内容的原始凭证，按部门或按人名分别汇总填制原始凭证汇总表。

（九）原始凭证不得外借，其他单位如因特殊原因需要使用原始凭证时，经本单位领导人批准，可以复制。向外单位提供的原始凭证复制件，应当在专设的登记簿上登记，并由提供人员和收取人员共同签名或者盖章。

（十）从外单位取得的原始凭证如有遗失，应当取得原开出单位盖有公章的证明，并注明原来凭证的号码、金额和内容等，由经办单位领导人批准后，才能代作原始凭证。如果确实无法取得证明的，如火车、轮船、飞机票等凭证，由当事人写出详细情况，由经办单位领导人批准后，代作原始凭证。

二、记账凭证规范

（一）会计人员要根据审核无误的原始凭证和原始凭证汇总表填制记账凭证。

（二）记账凭证必备内容：填制日期；凭证编号；应用会计科目、子目、细目；经济业务事项摘要；应借应贷金额；所附原始凭证张数；制单、审核、出纳、记账、会计主管盖章。

实现会计电算化单位，记账凭证增加科目编码栏。

（三）记账凭证日期应以财会部门受理会计事项日期为准，年、月、日应写全。凭证编号可按月顺序自然编号。

（四）各单位可采用收、付、转账凭证分类编号的形式或按更细层次划分的会计凭证分类编号方式，也可采用单一记账凭证统一编号的形式，但采用哪种形式，一经确定，在一个会计年度内不允许任意更改。

如一项经济业务涉及一借多贷或一贷多借，一张凭证不够时，可用分数编写。

（五）采用科目汇总表的组织程序的单位应根据业务量多少定期或不定期汇总编制，并按月或年顺序编号。一张汇总表上，不能出现两个相同会计科目。定期汇总以汇总日期为准，不定期汇总以最后经济业务发生时编制的记账凭证时间为准。

（六）填制记账凭证摘要应简明扼要，说明问题。一般应有以下几点要求。

1. 现金、银行存款的收、付款项应写明收付对象、结算种类、支票号码和款项主要内容。

2. 财产、物资收付事项应写明物资名称、单位、规格、数量、收付单位。

3. 往来款项要写明对方单位和款项内容。

4. 财物损溢事项应写明发生的时间、内容。

5. 待决待处理事项应写明对象内容、发生时间。

6. 预提待摊事项应写明摊提期限及内容。

7. 内部转账事项应写明事项内容。

8. 调整账目事项应写明被调整账目的记账凭证日期、编号及原因。

（七）填写会计科目应符合下列要求：

1. 填写记账凭证应按现行会计制度规定填写会计科目、明细科目全称，对其名称、编号、核算内容及对应关系不得任意改变，不得用科目编号或外文字母代替或简化。

实现会计电算化的单位，也要填制汉字会计科目名称，一级会计科目编码应符合会计制度要求。[1]

2. 会计制度规定设置的会计科目，各单位没有相应的会计事项，可以不设。如因核算需要，需合并某些会计科目或将明细科目提升为一级科目核算的，应上报主管部门批准后执行。如需增设科目，应报经财政部门批准后使用。

3. 填制会计科目分录的顺序为：先填写借方科目，后填写贷方科目。

4. 填制记账凭证，会计科目应按规定填写，科目之间不得留空格，遇到相同会计科目的，要逐个填写科目全称，不得用点点代替；使用会计科目章的，要

[1] 从2007年1月1日起执行的《企业会计准则》对一级科目代码不作统一要求。

与横格底线平行盖正。如有空行，应从金额栏最后一行数字的右上角至最底一行的左下角划斜线注销。

5. 每张记账凭证只能反映一项经济业务，除少数特殊业务必须将几个会计科目填在一张记账凭证外，不得将不同经济业务的原始凭证汇总填制多借多贷、对应关系不清的记账凭证。

（八）记账凭证所填金额要和原始凭证或原始凭证汇总表一致。

（九）除结账与更正差错的记账凭证可以不附原始凭证，其他记账凭证必须附有原始凭证。

（十）对一张原始凭证涉及几张记账凭证，可把原始凭证附在一张主要的记账凭证后面，在其他记账凭证上注明附有原始凭证的记账凭证的编号。对一张原始凭证所列支出需要几个单位共同负担的，应将其他单位负担的部分，开给对方原始凭证分割单，进行结算。

（十一）附件张数按原始凭证汇总表的张数计算，不涉及汇总的按原始凭证自然张数计算。

（十二）企业单位提取各项税费的记账凭证，应附自制原始凭证，列明合法的计算提取依据及正确的计算过程。

（十三）记账凭证在填制时，如果发生错误，应重新填制，不得在原始凭证上做任何更改。

（十四）已经登记入账的记账凭证，发生填写错误时，有以下几种更正方法：

1. 红字更正法：在当年内发现填写错误时，填写一张与原分录相同的金额为红字的记账凭证，在摘要栏用蓝字注明“冲销某月某日某号凭证”，同时再用蓝字重新填制一张正确的记账凭证，注明“更正某月某日某号凭证”。

2. 补充登记法：如果当年内会计科目没有填制错误，只是金额填制错误，可将正确数字与错误数字之间的差额另编一张调整的记账凭证，调增金额用蓝字，调减金额用红字。

（十五）如发现跨年度的错误，应用蓝字填制一张更正的记账凭证。

（十六）如登记总账后，发现记账凭证汇总表有差错，但记账凭证和明细账没错，只是各科目之间“串户”，可用红字更正法或重编一张更正的汇总表，错误的科目金额用红字，调整的科目金额用蓝字。

（十七）记账凭证的装订：

1. 装订记账凭证原则上以一张记账凭证汇总表为一册，也可分订两册以上，用分数号编号；如记账凭证较少，也可将二张或三张记账凭证汇总表的记账凭证合并装订一册，但不得跨月装订。

2. 如原始凭证过大，要折叠成比记账凭证略小的面积，注意装订线处的折留方法，装订后仍能展开查阅。原始凭证过小时，可在记账凭证面积内分开均匀粘平。

3. 要摘掉凭证中的大头针等所有铁器。

4. 装订会计凭证要加封面、封底，封面有关内容都应填写，签章齐全。

5. 会计凭证装订处是凭证的左上角，一般左右宽不超过2厘米，上下长不超过2.5厘米。

6. 装订后要将装订线用纸打个三角封包，并将装订者印章盖于骑缝处，在脊背处注明年、月、日和册数的编号。

第五章　会计账簿规范

一、根据会计制度规定，企业单位应设置总账、明细账、日记账。其中：总账、现金日记账和银行日记账应采用订本式，其他账簿可采用活页式。企业单位还可根据自己的经济业务事项设立一些辅助账。

实现会计电算化的单位，每天必须输入打出现金、银行存款日记账。

在所有记账凭证数据已存于计算机内的条件下，可用总分类账户本期发生额对照表替代总分类账。总账、明细账及银行余额调节表至少每月打印一次。

二、启用会计账簿，应按以下规定执行：

（一）在账簿封面上写明单位名称和账簿名称。

（二）账簿扉页上应附"经管人员一览表"，内容包括：单位名称、账簿名称、账簿页数、启用日期、会计主管人员和记账人姓名，并加盖名章和单位公章，经管或接管日期，移交日期。

（三）账簿第一页，应设置账户目录，内容包括账户名称，并注明各账户页次。

（四）启用订本式账簿，应按顺序编定页数使用，不得跳页、缺号。使用活页式账页，应按账户顺序编号，并装订成册。年度终了再按实际使用的账页顺序编定页数和建立账户目录。

（五）总账按会计科目设立账户，明细账原则上按会计制度规定的明细科目分别设立账户。

（六）明细账开始使用时应填写：

1. 银行存款日记账中开户银行或户名项应填写其开户行的全称。银行账号项应填写银行账号的全部数字。

2. 金额三栏式账应填写编号、明细科目和户名项。

3. 实物类账应填写编号、品名、规格、单位、数量、单价等项。

4. 固定资产账除按实物类账填写外，还应填写使用年限、预计残值（率）、月折额（率）、存放地点等项。

5. 序时明细账的预留银行印鉴项；所加盖的印章应与预留在银行的印鉴卡片的印章一致。如需更换印鉴时，须在备注栏加盖新的印鉴，并注明启用日期。

（七）粘贴印花税票。

1. 粘贴印花税票的账簿，印花税票一律粘贴在账簿扉页启用表上右上角，并在印花税票中间划两条出头的横线，以示注销。

2. 使用缴款书交纳印花税，在账簿扉页启用表上右上角注明“印花税已缴”及缴款金额。缴款书作为记账凭证的原始凭证登记入账。

三、会计人员要根据审核无误的会计凭证登记会计账簿。

（一）登记账簿时，应按记账凭证日期、编号、经济业务内容摘要、金额等逐项记入账内。做到登记准确、及时、书写清楚。

（二）登记完毕后，要在记账凭证上签名或盖章，并注明已登记的符号“√”，表示已经记账。

（三）总账应根据记账凭证汇总表登记；日期、凭证号都根据记账凭证汇总表填写，摘要栏除上年结转及承前页外，应填写凭证汇总的起止号。

明细账应根据记账凭证登记；日期填写月日，如同一月份有多笔业务，除第一、二笔外，以下各笔可用点点代替，但换页的第一、二笔必须填写。凭证号栏与摘要栏按记账凭证号及摘要填写。

现金日记账应根据记账凭证逐笔登记。银行存款日记账应根据支票存根或其他银行结算票据逐笔登记，“种类”项按银行结算种类填写；“号数”只填写支票的后四位数。

（四）各种账簿按页次顺序连续登记，不得隔页跳行，如果发生隔页跳行，应将空行空页的金额栏由右上角向左下角划红线注销，同时在摘要栏注明“此行空白”或“此页空白”字样，并由记账人员压线盖章。

（五）登记账簿用蓝黑色墨水书写，不得使用圆珠笔或铅笔，但下列情况可用红色墨水：

1. 按红字冲账的记账凭证，冲销错误记录；

2. 在多栏式账页中，登记减少数；

3. 划更正线、结账线和注销线；

4. 会计制度中规定用红字登记的其他记录。

（六）结出账户余额后，应在“借”或“贷”栏内写明“借”或“贷”字样，没有余额的账户，应在“借”或“贷”栏内写“平”字，并在金额栏内元位上用“0”表示。

（七）账簿中账页下端最后横线以下，一律空置不填。

（八）每一账页登记完毕结转下页时，应在下页第一行摘要栏注明“承前页”字样。所有账户一律不做“过次页”。

办理“承前页”时，日记账承本日发生额连续累计数及余额，损益类账户承本月发生额连续累计数及余额。

如账簿最后一行为日结、月结、季结、年结的，办理承前页时应承借、贷、余日结、月结、季结、年结数。

四、会计人员应按照规定，现金、银行日记账按日结账，其他账户按月、季、年结账。

（一）结账前，必须将本期内发生的各项经济业务全部登记入账，属于本期调整的账项也要按规定全部结转有关账簿。

（二）结账时，应首先结出每个账户的期末余额，余额写在最后一笔经济业务的余额栏内。

（三）所有账户，不论总账还是明细账作日结、月结、季结、年结时，要加计本日、本月、本季、本年的借、贷方发生额。

（四）在记齐当期发生的会计事项，结出余额的下一行摘要栏注明“本日合计”、“本月合计”字样，借贷金额栏结出当日、当月发生额合计数。在数字下端划单红线。

需要结出累计发生额的，应在摘要栏内注名“累计”字样，并在数字下端划单红线。

十二月末，应在摘要栏内注名“本年累计”字样，结出全年累计发生额，并在数字下端划双红线。

上述单红线或双红线都应从借方金额栏左端划至余额栏右端。

（五）编制会计报表前，必须把总账和明细账登记齐全，试算平衡，不准先出报表，后补记账簿和办理结账。

（六）年度终了，有余额的账户不需填制记账凭证或科目结转表，可在年结双红线下一行摘要栏内注明“结转下年”字样（金额不再抄写），以下空格从右上角至左下角划斜线注销。如果次年度会计科目名称有变化，还应在摘要栏中注明“结转下年×××新账户”。

（七）结转新账时，如有余额，可直接将余额转到新账账户的第一行余额栏内，日期填写1月1日，同时在摘要栏注明“上年结转”字样。

凡涉及债权债务及待处理事项的账户，填写“上年结转”时，还应在摘要栏填写组成余额的发生日期及主要经济业务内容，一行摘要栏写不完的，可以在次行摘要栏继续填写。最后一行的余额栏填写上年度余额。

五、各企业单位必须坚持对账制度，做到账证、账账、账实相符。

（一）账证相符

月终，发现账账不符，就要对账簿记录和会计凭证进行核对。

1. 看总账与记账凭证汇总表是否相符。

2. 看记账凭证汇总表与记账凭证是否相符。

3. 看明细账与记账凭证及所涉及的支票号码及其他结算票据种类等是否相符。

（二）账账相符

1. 看总账资产类科目各账户与负债、所有者权益类科目各账户的余额合计数是否相符。

2. 看总账各账户与所辖明细账户的各项目之和是否相符。

3. 看会计部门的总账、明细账与有关职能部门的账、卡之间是否相符。

（三）账实核对

1. 现金日记账的账面余额与现金实际库存数额每日核对并填写库存现金核对情况报告单，作为记录。发生长短款，应即列作“待处理财产损溢”，待查明原因，经批准后再进行处理。单位会计主管应经常检查。

2. 银行存款日记账的账面余额与开户银行对账单核对。每收到一张银行对账单，经管人应在三日内核对完毕，每月编制一次银行存款余额调节表，会计主管人员每月至少检查一次，并写出书面检查意见。

3. 有价证券账户应与单位实存有价证券（或收款单据）核对相符，每半年至少核对一次。

4. 商品、产品、原材料等明细账的账面余额，应定期与实存数额相核对，对其他财产物资账户也要定期核对，年终要进行一次全面的清查。

5. 各种债权、债务类明细账的账面余额与债权、债务人核对清理，清理结果，要及时以书面形式向会计主管人员汇报。并报单位领导人采取措施，积极催办。

6. 出租、租入、出借、借入财产等账簿，除合同期满应进行清结外，至少每半年核对一次，以保证账实相符。

（四）对账符号

对账完毕，相符者应在数字后划“√”号，不相符者，要及时更正、调整。

第六章　财务报告规范

一、财务报告的一般要求

（一）财务报告是反映企业财务状况和经营成果的书面文件，包括资产负债表、损益表、财务状况变动表（或现金流量表）等、附表及会计报表附注和财务情况说明书。

（二）各单位必须按国家统一会计制度及有关综合管理部门的要求编制月份、季度、年度财务报告。

（三）财务报告应当根据登记完整、核对无误的会计账簿记录和其他有关资料编制，做到数字真实、计算准确、内容完整、说明清楚。

（四）如果不同会计年度财务报告中各项目的内容和核算方法有变更的，应当在年度财务报告中加以说明。

（五）任何人不得篡改或者授意、指使、强令他人篡改财务报告数字。

（六）各单位应当按国家规定的期限对外报送财务报告。

二、会计报表

（一）会计报表的基本内容

1. 编制单位名称：编制会计报表的企业，在填写时应注明×××单位名称的全称。汇总单位在编制汇总报表时，在×××主管局单位名称后面用括号标明“汇总”字样。

2. 报表名称、编号：企业所编制会计报表的名称和编号。

3. 报表日期：会计报表所反映的财务状况的日期分为公历月末、季末、年末。

4. 计量单位：金额单位与实物单位。

5. 报表附注：为报表中有关重要项目的明细资料，以及其他有助于理解和分析报表的事项。

6. 报表或报表封面用户签章事项：单位公章、单位负责人、总会计师、财会负责人、复核人及制表人的签章。

（二）会计报表的编制方法

1. 企业单位编制会计报表之前，应按照国家现行的法规制度和政策核对、调整有关事项：

（1）应由本会计期间负担的而未支付的税费、借款利息及应提未提的各种成本费用，应按规定进行计提和摊销清理转账。

（2）应由本会计期间确认的各项收入，应按规定及时结算、入账。

（3）对本年各期盘点中发现的财产短缺、溢余和残损变质应及时进行账务处理。

（4）办理债权债务的清理工作。

（5）尚未结转成本的，按规定计算结转。

（6）应分配的利润尚未分配结转的，应按规定计算、分配、结转。

（7）所属报账单位应报清本期账务，并及时进行结转。

（8）影响企业本年度损益的业务合作应同对方进行结算。

（9）其他应查对和应调整的事项。

办理调整完有关事项后，对总账科目进行试算平衡，总账和明细账期末数字必须相符。

2. 编制会计报表时应做到：

（1）各种会计报表之间，各项目之间，凡有衔接关系的数字，应相互一致，本期报表与上期报表之间有关数字应相互衔接。

（2）出现负数的项目，有关项目除按规定改列外，其余项目以“－”号表示，“－”号填写在数字之前，占两个数字格。

（3）数字填写清楚，填写出现差错时，应按规定的办法加以更正，并加盖制表人名章。

（4）各报表必须按规定的金额单位填制。

（5）年度会计决算报表一经批准，需要调整的事项要在下年度按规定进行调整。

（6）在年度内变更隶属关系的企业单位。除另有规定者外，不论隶属关系在什么时候变更，所编制的月份、季度、半年度和年度会计报表，都应反映自年初起的全部累计数字。汇总会计报表应包括年度内划入单位会计报表的全部数字，不包括年度内划出单位会计报表的数字。

所属不独立核算单位和部分业务的隶属关系变更时，一律不调整隶属关系变更前的发生额。

一个独立核算单位分成两个以上独立核算单位时，应在不重不漏；保证会计核算资料完整的前提下，相互商定或由上级主管部门规定办理会计报表的编制和汇总事宜。

（7）办理清算工作过程中，应照常编报会计报表，出具有法律效力的清算报告。汇总单位汇总各期报表时，都应分别编入汇总，不得遗漏。

三、财务情况说明书

（一）财务情况说明书的基本内容：

是对企业单位经营状况、资金运作状况、核算方法、税金缴纳、财产变动、利润分配，各项经济指标完成情况的书面说明。

（二）编制财务情况说明书应做到：

1. 月份说明各有侧重。

2. 年度说明应对上述各方面年度内情况与上期变化对下一报告期影响等进行全面说明。

四、审核财务报告

（一）为了保证会计报表正确无误，各企业单位在财务报告编制完后，必须对以下内容进行认真审核：

1. 会计报表的种类是否按要求填制齐全，要求填列的项目是否全部填制。

2. 会计报表各项目数字是否与有关账簿的数字相符。

3. 报表之间有衔接关系的数字是否衔接。

4. 报表附注资料是否反映齐全。

5. 财务情况说明书文字是否清楚，反映内容是否准确、全面。

（二）财务报告经审核无误后，再由制表人、复核人、财会负责人在报表封面上盖章，送单位总会计师和领导人逐级审核签章，加盖单位公章，然后及时报送有关部门。

单位领导人对财务报告的合法性、真实性负法律责任。

（三）法律规定应当经过注册会计师审计的财务报告，财务报告编制单位应当先行委托注册会计师进行审计，并将注册会计师出具的审计报告随同财务报告一并报送有关部门。

（四）如果发现对外报送的财务报告有错误，应当及时办理订正手续。除更正单位留存的财务报告外，并应同时通知接受财务报告的单位更正。错误较多的，应当重新编报。

第七章　内部会计管理制度规范

一、各单位应当根据《中华人民共和国会计法》和国家统一会计制度及有关综合管理部门的规定，结合单位内部管理和会计业务的需要，建立健全内部会计管理制度。

二、各单位应当建立内部会计管理体系。

主要内容包括：单位领导人、总会计师对会计工作的领导职责；会计部门及其会计机构负责人、会计主管人员的职责、权限；会计部门与其他职能部门的关系；会计核算的组织形式。

三、各单位应当建立会计人员岗位责任制度。

主要内容包括：会计人员的工作岗位设置；各会计工作岗位的职责和标准；各会计工作岗位的人员和具体分工；会计工作岗位轮换办法；对各会计工作岗位的奖惩办法。

四、各单位应当制定账务处理程序制度。

主要内容包括：会计科目及其明细科目的设置和使用；会计凭证的格式、审核要求和传递程序，会计记账方法；会计账簿的设置；编制会计报表的种类和要求；单位会计指标体系。

五、各单位应当建立内部牵制制度。

主要内容包括：内部牵制制度的原则；组织分工；出纳岗位的职责和限制条件；有关岗位的职责和权限。

六、各单位应当建立稽核制度。

主要内容包括：稽核工作的组织形式和具体分工；稽核工作的职责、权限；审核会计凭证和复核会计账簿、会计报表的方法。

七、各单位应当建立原始记录管理制度。

主要内容包括：原始记录的内容和填制方法；原始记录的格式；原始记录的审核；原始记录填制人的责任；原始记录签署、传递、汇集要求。

八、各单位应当建立定额管理制度。

主要内容包括：定额管理的范围；制定和修订定额的依据、程序和方法；定额的执行；定额考核和奖惩办法等。

九、各单位应当建立计量验收制度。

主要内容包括：计量检测手段和方法；计量验收管理的要求；计量验收人员的责任和奖惩办法。

十、各单位应当建立财产清查制度。

主要内容包括：财产清查的范围；财产清查的组织；财产清查的期限和方法；对财产清查中发现问题的处理办法；对财产管理人员的奖惩办法。

十一、各单位应当建立财务收支审批制度。

主要内容包括：财务收支审批人员和审批权限；财务收支审批程序；财务收支审批人的责任。

十二、各单位应当建立财务会计分析制度。

主要内容包括：财务会计分析的主要内容；财务会计分析的基本要求和组织程序；财务会计分析的具体方法；财务会计分析报告的编写要求等。

第八章　会计工作交接规范

企业单位会计人员或企业单位隶属关系发生变动时，必须按照规定办理会计工作交接手续。

一、会计人员变动的交接

（一）会计人员工作调动或因故离职，必须将本人所经管的会计工作在规定期限内全部移交接替人员，没有办清交接手续的，不得调动或离职。

（二）接替人员应认真接管移交的工作，并继续办理移交前的未了事项。

（三）会计人员办理移交手续前，必须做好以下各项工作：

1. 已经受理的会计事项，尚未填制记账凭证的应及时填制完毕。尚未记账的，应全部入账。

2. 不论是在月末还是在月中移交，移交的账簿均需结出余额、在余额后加盖移交人印章。

3. 填写账簿启用表的有关移交项目，并加盖有关人员的印章。

4. 整理应该移交的各项资料，对未了事项要写出书面材料加以说明。

5. 编制移交清册，列明应该移交的凭证、账簿、报表、公章、现金、支票簿、文件资料和其他物品等内容。

（四）会计人员办理交接手续，必须有监交人负责监交。一般会计人员交接应由单位会计机构负责人、会计主管人员负责监交，会计机构负责人、会计主管人员交接，应由单位领导人负责监交，必要时上级主管部门派人会同监交。

（五）移交人员要按照移交清册逐项移交，接管人员要逐项核收：

1. 现金、有价证券要根据会计账簿余额进行点交，库存现金、有价证券必须与会计账簿余额一致。不一致时，移交人员必须限期查清。

2. 会计凭证、会计账簿、会计报表和其他会计资料必须完整无缺。

如有短缺，必须查清原因，并在移交清册中注明，由移交人员负责。

3. 银行存款账户余额要与银行对账单核对相符，各种财产物资和债权债务的明细账户余额要与总账有关账户余额核对相符；必要时，要抽查个别账户的余额，与实物核对相符，或者与往来单位、个人核对清楚。

4. 移交人除经管账簿外还兼管其他会计工作的，应一并交接清楚。

包括：经管的公章，有价证券，空白支票，文件资料，收据，发票及其他物品。

（六）会计机构负责人、会计主管人员工作移交时，要将全部财务会计工作、重大和特殊的财务问题及会计人员工作的情况，向接管人员详细介绍，对需要移交的遗留问题，应写出书面材料说明清楚。

（七）交接完毕后，交接双方和监交人要在移交清册签章，移交清册应具备：单位名称、交接日期、交接双方和监交人的姓名、职务、清册页数及需要说明的问题和意见等。

移交清册一般应填制一式三份，交接双方各持一份，存档一份。

（八）为保证会计记录的连续完整，接管人员应继续使用移交前的账簿，不得自行另立新账。

（九）会计人员因故临时离职的，单位会计机构负责人、会计主管人员和领导必须指定专人代理，办理临时交接手续。超过半年以上的，应按照会计人员调动时办理交接手续的程序，办理会计工作交接。

二、企业单位隶属关系变动的会计交接

（一）企业单位因隶属关系改变、因故撤销或与其他企业单位合并而发生变动时，应办理会计交接手续。

企业单位因故被撤销时，被撤销的企业单位应向上级主管部门办理交接手续，由上级主管部门派人接收和监交。企业单位合并时，被合并的企业单位应向合并企业单位办理交接手续，并由双方财会部门和上级财会主管部门派人共同监交。

（二）企业单位因故被撤销时，必须留有必要的会计人员办理清理工作，编制清算单位决算，移交后方可撤离。接收单位和移交日期由上级主管部门会同同级财政部门确定。

（三）企业单位被合并发生的会计交接手续，除参照会计人员变动的交接外，还要在交接时办理从年初到被合并时的会计决算。

三、移交人员对所移交的会计凭证、会计账簿、会计报表和其他会计资料的合法性、真实性承担法律责任。

第九章 会计档案管理规范

会计档案是指会计凭证、会计账簿和会计报表等会计核算资料，它是记载和反映经济业务的重要史料和证据。

一、会计档案的范围

（一）会计凭证：包括外来的和自制的各种原始凭证、原始凭证汇总表、记账凭证、记账凭证汇总表、涉及对外对私改造资料、银行存款（借款）对账单及余额调节表等。原始凭证是进行会计核算的基础，平时无论在任何部门保管；年度终了都必须按照规定归档。

业务部门留存，凭以登记业务调拨账和进销卡片的联单及仓库凭以收付货物的出入库单虽不在会计档案保管之列，但也应由业务部门保存相当年限，以便查核。

（二）会计账簿：包括总账、明细账、日记账、各种辅助登记簿等。

凡设在业务部门、基建物资部门和总务部门等有关部门的产成品明细账、固定资产明细账、低值易耗品明细账、原材料及物料用品明细账和各种债权债务明细账，都是会计账簿的组成部分，必须按照会计档案管理的要求保持完整。

（三）财务报告：包括《会计制度》规定和主管部门临时通知编报的主要财务指标快报，月、季、年度会计报表，报表附注及财务情况说明书。上级主管部门对报告的批复及社会审计的审计报告也包括在内。

（四）其他会计核算资料：凡与会计核算紧密相关的，由会计部门负责办理的有参考价值的数据资料。如：经济合同，财务数据统计资料，财务清查汇总资料，核定资金定额的数据资料，中心工作整理上报的资料，会计档案保管期限所明确的会计移交清册，会计档案保管清册，会计档案销毁清册等。实行会计电算化单位的软件数据资料、程序资料等及存贮于磁性介质上的会计数据、程序文件及其他会计资料均应视同会计档案一并管理。

（五）报账制单位以及实行两级核算各分部门会计档案也是企业单位会计档案的组成部分，应按规定统一管理。

二、会计档案的整理、立卷

会计年度终了后，应将装订成册的会计档案进行整理立卷。各种会计档案应按会计档案材料的关联性，分门别类地组成几个类型的案卷，将各卷按顺序编号。

（一）会计凭证：按全年顺序统一编号，卷号应与装订的会计凭证封面册数的编号一致。

（二）会计账簿：各种会计账簿办理完年度结账后，除跨年使用的账簿外，其他需整理、立卷。

1. 会计账簿在装订前，应按账簿启用表的使用页数，核对各个账户账页是否齐全，是否按顺序排列。

2. 会计账簿装订顺序：

（1）会计账簿装订封面；

（2）账簿启用表；

（3）账户目录；

（4）按本账簿页数项顺序装订账页；

（5）会计账簿装订封底。

3. 活页账簿去空白页后，将本账页数项填写齐全，撤账夹，用坚固耐磨的纸张做封面、封底，装订成册。不同规格的活页账不得装订在一起。

4. 装订后的会计账簿应牢固、平整、不得有折角、掉页现象。

5. 会计账簿的封口处，应加盖装订印章。

6. 装订后，会计账簿的脊背应平整，并注明所属年度及账簿名称和编号。

7. 会计账簿的编号为一年一编，编号顺序为总账、现金日记账、银行存（借）款日记账、分户明细账。

8. 会计账簿按保管期限分别编号：

（1）现金、银行存款（借款）日记账，全年按顺序编制卷号；

（2）总账、各类明细账、辅助账全年按顺序编制卷号。

（三）会计报表：

1. 会计报表编制完成并按时报送后，留存报表均应按月装订成册。

2. 会计报表应整理平整，防止折角。

3. 会计报表在装订前，应按编报目录核对是否齐全。

4. 会计报表的装订顺序是：

（1）会计报表封面；

（2）会计报表编制说明；

（3）各种会计报表按会计报表的编号顺序排列；

（4）会计报表封底。

装订的会计报表、报表上边和左边应对齐。

5. 会计报表按保管期限分别编制卷号；

（1）月、季度会计报表全年按月、季顺序编制卷号；

（2）半年和年度会计报表按年顺序编制卷号。

（四）涉外有关会计资料等单独装订立卷。会计移交清册，会计档案保管清册，会计档案销毁清册应单独装订立卷，单独编制卷号。

三、会计档案的归档保管

（一）当年的会计档案在会计年度终了后，可暂由本单位财会部门保管一年，期满后原则上应由财会部门移交给本单位的档案部门保管。移交时应开列清册，同时要填写交接清单，并在账簿启用表移交日期栏填写×年 12 月 31 日，移交日后的签章项由账簿经管人签章，次行经管人员姓名项由会计档案保管人员签章。

没有独立档案部门的企业单位，应单独设房屋存放会计档案，并配备专用档案柜。

（二）会计电算档案中，由计算机打印输出的凭证、账簿、报表，其保存期限与手工方式完全一致。存贮于磁性介质上的会计资料在未打印成书面资料前要妥善保管。同时，会计部门应明确复制备份数据的时间间隔，以及清除数据的时间间隔。两者根据会计单位业务量大小和计算机存贮能力而定。会计数据的备份应分别存于两个以上不同的建筑物内。

（三）财会部门应指定专人负责会计档案管理工作。有专职档案部门的企业，财会部门负责移交前的会计档案的整理、立卷、保管等工作，期满后，负责向档案部门办理移交手续。没有专职档案部门的企业，会计档案管理工作人员应负责全部会计档案的整理、立卷、保管、调阅、销毁等一系列工作。

（四）年度终了，根据单位的具体情况，有专职档案部门的企业，财会部门应填写“会计档案案卷目录表”一式二份，由财会负责人签字后，一份随会计档案存放，一份在档案部门接收签证后留在财会部门，以明确责任。

（五）保存会计档案资料应做到防盗、防火、防潮、防虫，磁性介质还要注意防尘、防热、防磁、防冻，要有相应的安全措施。

（六）机构变动或档案管理人员调动时，应办理交接手续，由原管理人员编制会计档案移交清册，将全部案卷逐一点交，接管人员逐一接收。

四、会计档案的借阅使用

（一）会计档案在财会部门管理的，除填写“会计档案案卷目录”以外，还应分别建立会计档案清册和借阅登记清册，即应将历年的会计档案的内容、保管期限、存放地点等情况登记清楚。使用会计档案借阅登记清册即将借阅人姓名、单位、日期、数量、内容、归期等情况登记清楚。

（二）外单位借阅会计档案时，应持有单位正式介绍信，经会计主管人员或单位领导人批准后，方可办理借阅手续。

（三）单位内部人员借阅会计档案，应经会计主管人员或单位领导人批准后，办理借阅手续。

（四）借阅会计档案人员，不得在案卷中标画，不得拆散原卷册，更不得抽换。

（五）借阅会计档案人员，不得将会计档案携带出外，特殊情况，须经单位领导批准。需要复制会计档案的，也应经单位领导人批准后才能进行复制。

（六）经批准借阅会计档案，应限定期限，并由会计档案管理人员按期收回。

五、会计档案的保管期限

会计档案的保管期限应按照《会计档案管理办法》执行。规定的保管期限，应从会计年度终了后的第一天算起。

六、会计档案的销毁

（一）会计档案保管期满，需要销毁时，由本单位档案部门提出销毁意见，会同财会部门共同鉴定，严格审查，编制会计档案销毁清册。经单位领导审查，以书面形式报经主管部门批准后销毁。对其中未了结的债权债务的原始凭证，应单独抽出，另行立卷，由档案部门保管到结清债权债务时为止。

（二）各单位按规定销毁会计档案时，应由档案部门和财会部门共同派员监销。各级主管部门销毁会计档案时，应有同级财政部门、档案部门派人参加监销。

（三）监销人在销毁会计档案之前，应当按会计档案销毁清册所列项目逐一清查核对；销毁后，要在“销毁清册”上签章，并将监销情况以书面形式报告本单位领导。

（四）会计档案销毁后，经办人也要在“销毁清册”上签章，归入档案备查。

第十章　附则

一、本细则由北京市财政局负责解释、修改。

二、本细则自公布之日起实行，原《北京市会计人员工作规范实施细则》即行废止。

（引自《北京市财政局关于印发〈北京市会计基础工作规范实施细则〉的通知》（京财会〔1996〕353号），1996年4月18日颁布）

附录三　实验四记账凭证填制所需原始凭证

凭证 1

中国工商银行借款凭证

4 {回单 / 收账通知}

银行编号：　　　　2012 年12月 01日

贷款单位	北京市欣羽空调有限公司	贷款申请书编号		贷款账号	02000066000088888	存款账号	02000066000088888

贷款金额	百	十	万	千	百	十	元	角	分	还款日期
贰拾万圆整	¥	2	0	0	0	0	0	0	0	2013 年 3月01 日

银行核定金额	（大写）贰拾万圆整	银行核定还款日期	2013 年 3 月 01 日
		银行实际放出日期	2012 年12月01日

本借据以银行核定的金额日期为准

兹向你行贷到上列贷款，到期时请凭此借据从本单位存款账户内偿还。

此致

中国工商银行　　市分行

贷款单位（章）财务专用章（预留印鉴）负责人

上项贷款已按银行核定金额发放，并收入你单位账户。

此致

单位

银行签章　　　　日

（印章：北京市欣羽空调有限公司 财务专用章；李顺之印；工商银行北京开阳路支行 2012.12.01 转账 转讫）

还款记录	日期	还款金额	未还金额	记账员	复核员	日期	还款金额	未还金额	记账员	复核员

凭证 2

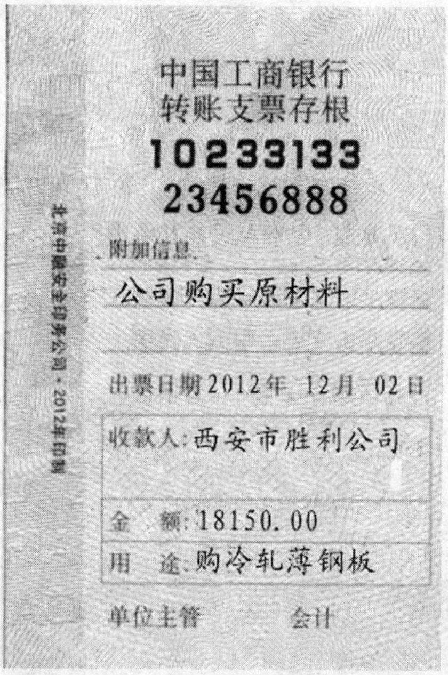
中国工商银行
转账支票存根
10233133
23456888
附加信息
公司购买原材料
出票日期 2012年 12月 02日
收款人：西安市胜利公司
金　额：18150.00
用　途：购冷轧薄钢板
单位主管　　会计
北京中融安全印务公司·2012年印制

凭证3

陕西增值税专用发票

№

发票联

开票日期 2012年12月02日

购货单位	名　　称：北京市欣羽空调有限公司 纳税人识别号：110106100012412 地 址、电 话：北京市丰台区开阳路49号 010-83559999 开户行及账号：工商银行北京开阳路支行　02000066000088888	密码区	<+<>/-+7<*78*96*401>* 5*3768*>4/570>+87+36+ 08373674//6-+3<***848 27**6869/6->77<*2>>3* 加密版本：01

货物或应税劳务名称	规格型号	单位	数量	单价	金额	税率	税额
冷轧薄钢板		吨	3	5,000.00	15,000.00	17%	2,550.00
合　　计					￥15,000.00		￥2,550.00
价税合计（大写）	⊗壹万柒仟伍佰伍拾元整				（小写）￥17,550.00		

销货单位	名　　称：陕西省西安市胜利公司 纳税人识别号：120146541366034 地 址、电 话：陕西省西安市建设路8-3号　029-51812345 开户行及账号：招商银行西安市建设路支行　123569141040005990	备注	陕西省西安市胜利公司 120146541366034 发票专用章

收款人：　　复核：　　开票人：赵刚　　销货单位：（章）

第二联：发票联　购货方记账凭证

凭证4

陕西增值税专用发票

№

抵扣联

开票日期 2012年12月02日

购货单位	名　　称：北京市欣羽空调有限公司 纳税人识别号：110106100012412 地 址、电 话：北京市丰台区开阳路49号 010-83559999 开户行及账号：工商银行北京开阳路支行　0200006600008888	密码区	<+<>/-+7<*78*96*401>* 5*3768*>4/570>+87+36+ 08373674//6-+3<***848 27**6869/6->77<*2>>3* 加密版本:01

货物或应税劳务名称	规格型号	单位	数量	单价	金额	税率	税额
冷轧薄钢板		吨	3	5,000.00	15,000.00	17%	2,550.00
合　计					¥15,000.00		¥2,550.00
价税合计（大写）	⊗壹万柒仟伍佰伍拾元整				（小写）¥17,550.00		

销货单位	名　　称：陕西省西安市胜利公司 纳税人识别号：120146541366034 地 址、电 话：陕西省西安市建设路8-3号　029-51812345 开户行及账号：招商银行西安市建设路支行　123569141040005990	备注	陕西省西安市胜利公司 120146541366034 发票专用章

收款人：　　复核：　　开票人：赵刚　　销货单位：（章）

第三联：抵扣联 购货方扣税凭证

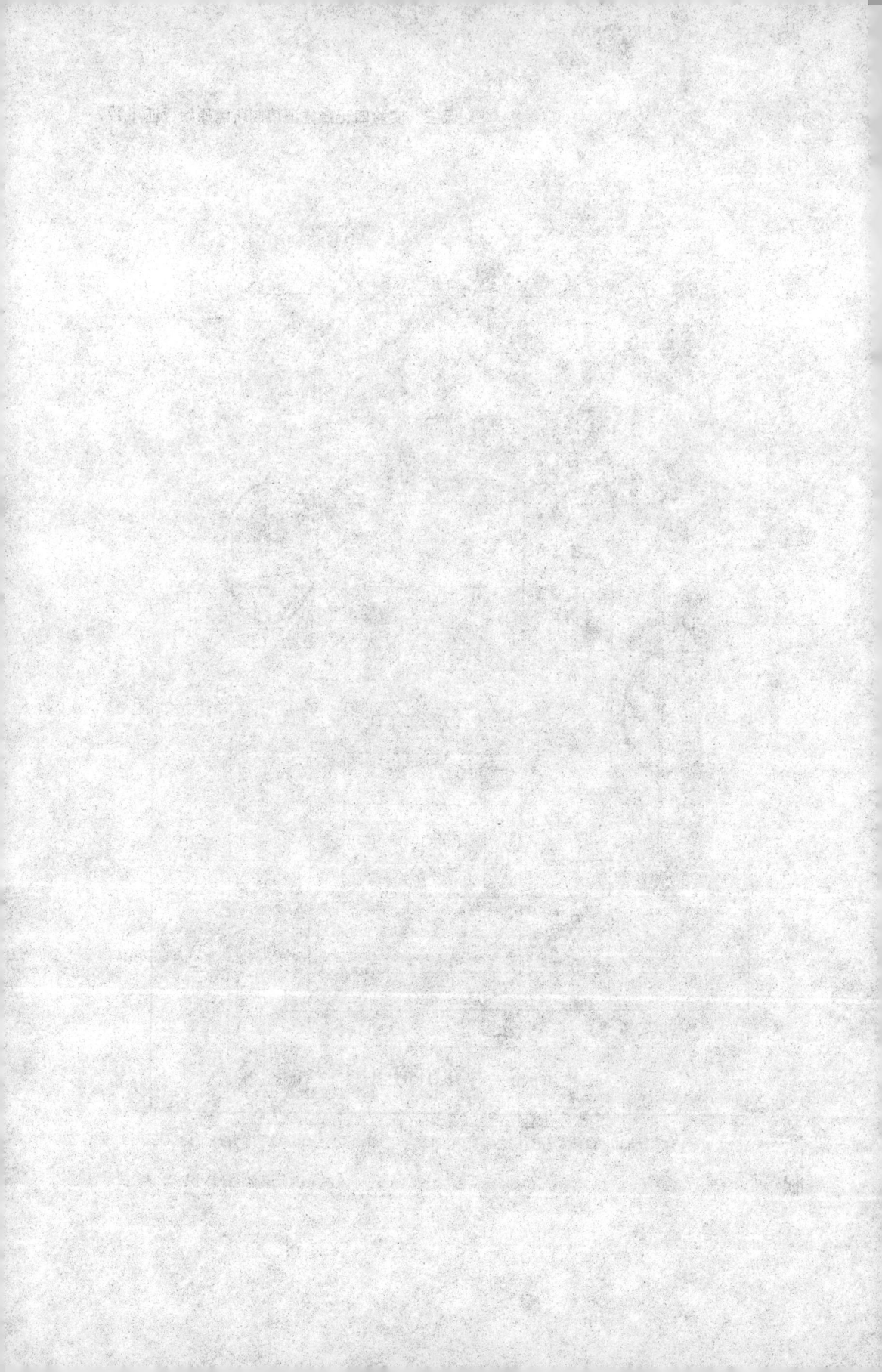

凭证 5

西 安 铁 路 局

运费杂费收据

付款单位或姓名 北京市欣羽空调有限公司

原运输票据	2012年 12月 02日第　　号			办理种别	
发　站	西安	到　站		北京南	
车种，车号			标　重		
货物名称	件数	包装	重量	计费重量	
冷轧薄钢板				3吨	

西安铁路局运输公司 结算专用章

费别	费率	款额	附记
运杂费		600.00	
合　计		￥600.00	

经办人签章张兰　2012年 12月 02日

凭证6

领 料 单

领料部门 基本生产车间

生产通知单号别

2012 年 12 月 03 日　　　字第 007-1 号

40开（甲）货号

领料用途 用于生产				制造数量 400			制品名称 单冷								
编号	品名	规格	单位	请领数量	实发数量	单价	金额								备注
							十	万	千	百	十	元	角	分	
	压缩机		套	200	200	550	1	1	0	0	0	0	0	0	
	电机		只	200	200	150		3	0	0	0	0	0	0	
附件				张	合计		1	4	0	0	0	0	0	0	

主管　　会计　　记帐　　发料　　已领　　制单

领讫日期	月	日
	12	03

凭证7

领料单

领料部门 基本生产车间

生产通知单号别

2012 年 12 月 03 日　　字第 007-2 号

领料用途 用于生产　　制造数量 400　　制品名称 冷暖

编号	品名	规格	单位	请领数量	实发数量	单价	金额 十	万	千	百	十	元	角	分	备注
	压缩机		套	200	200	550	1	1	0	0	0	0	0	0	
	电机		只	200	200	150		3	0	0	0	0	0	0	
附件				张	合计		1	4	0	0	0	0	0	0	

主管　　会计　　记帐　　发料 已领　　制单　　领讫日期 月 12 日 03

40开（甲）货号

凭证8

领 料 单

领料部门 基本生产车间

生产通知单号别

2012 年 12 月 03 日　　　　字第 007－3 号

40开（甲）货号

领料用途 用于生产				制造数量 400			制品名称 单冷								
编号	品名	规格	单位	请领数量	实发数量	单价	金额 十	万	千	百	十	元	角	分	备注
	钢材		吨	2.5	2.5	5000		1	2	5	0	0	0	0	
	铜材		公斤	1500	1500	60		9	0	0	0	0	0	0	
	铝材		公斤	500	500	30		1	5	0	0	0	0	0	
	塑料		吨	3	3	3500		1	0	5	0	0	0	0	
附件				张	合计		1	2	8	0	0	0	0	0	

主管　　会计　　记帐　　发料　　已领　　制单　　领讫日期 12 月 03 日

凭证9

领料单

领料部门 基本生产车间

生产通知单号别 ……

2012 年 12 月 03 日　　字第 007-4 号

40开（甲）货号

领料用途 用于生产　　制造数量 400　　制品名称 冷暖

编号	品名	规格	单位	请领数量	实发数量	单价	金额 十	万	千	百	十	元	角	分	备注
	钢材		吨	2.5	2.5	5000		1	2	5	0	0	0	0	
	铜材		公斤	1500	1500	60		9	0	0	0	0	0	0	
	铝材		公斤	500	500	30		1	5	0	0	0	0	0	
	塑料		吨	3	3	3500		1	0	5	0	0	0	0	
附件			张	合		计	1	2	8	0	0	0	0	0	

主管　　会计　　记帐　　发料　　已领料　　制单

领讫日期	月	日
	12	03

凭证 10

领料单

领料部门 基本生产车间

生产通知单号 别

2012 年 12 月 03 日　　字第 007-5 号

40开（甲）货号

领料用途 用于生产				制造数量 200			制品名称 冷暖								
编号	品名	规格	单位	请领数量	实发数量	单价	金额 十	万	千	百	十	元	角	分	备注
	四通阀		套	300	300	55		1	6	5	0	0	0	0	
	继电器		个	300	300	45		1	3	5	0	0	0	0	
附件				张	合计			3	0	0	0	0	0	0	

主管　　会计　　记帐　　发料　　已领　　制单　　领讫日期 12 月 03 日

凭证 11

领　料　单

领料部门 辅助生产车间

生产通知单号别 ______

2012 年 12 月 04 日　　　字第 008 号

40开（甲）货号

领料用途 用于包装				制造数量											制品名称 单冷、冷暖
编号	品名	规格	单位	请领数量	实发数量	单价	金额 十	万	千	百	十	元	角	分	备注
	油漆		公斤	200	200	200		4	0	0	0	0	0	0	
	灯泡		个	800	800	1.5			1	2	0	0	0	0	
	纸箱		公斤	1000	1000	1.5			1	5	0	0	0	0	
	泡沫		公斤	300	300	15			4	5	0	0	0	0	
附件				张	合计			4	7	2	0	0	0	0	

主管　　会计　　记帐　　发料　　已领　　制单

领讫日期	月	日
	12	04

凭证 12

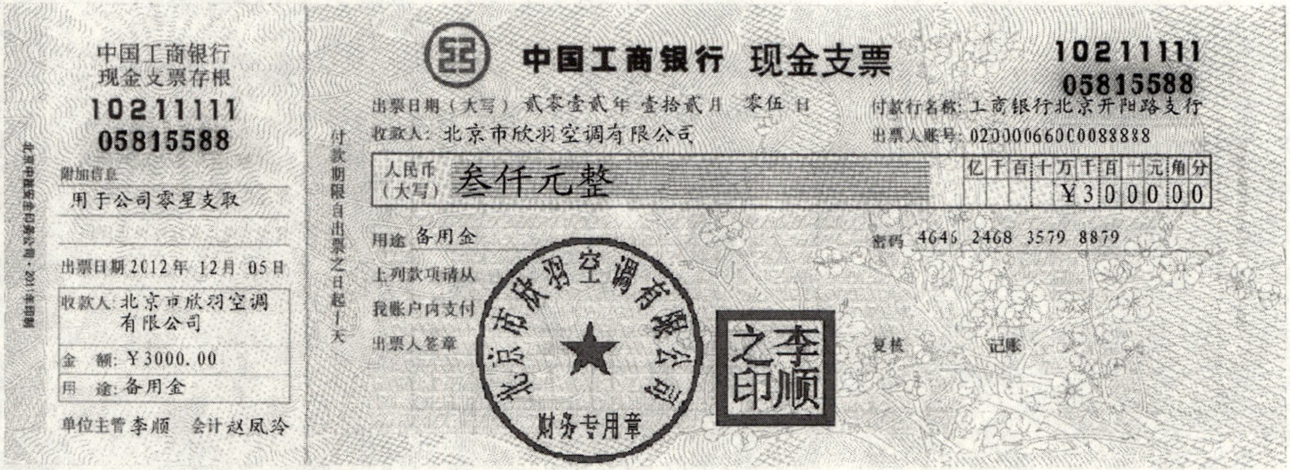

中国工商银行
现金支票存根
10211111
05815588
附加信息
用于公司零星支取

出票日期 2012 年 12 月 05 日
收款人：北京市欣羽空调有限公司
金 额：￥3000.00
用 途：备用金
单位主管 李顺 会计 赵凤玲

中国工商银行 现金支票 10211111 05815588

付款期限自出票之日起十天

出票日期（大写）贰零壹贰年 壹拾贰月 零伍 日 付款行名称：工商银行北京开阳路支行
收款人：北京市欣羽空调有限公司 出票人账号：0200006600088888

人民币（大写）	亿	千	百	十	万	千	百	十	元	角	分
叁仟元整					￥	3	0	0	0	0	0

用途 备用金 密码 4646 2468 3579 8879
上列款项请从
我账户内支付
出票人签章 复核 记账

北京市欣羽空调有限公司 财务专用章

李顺之印

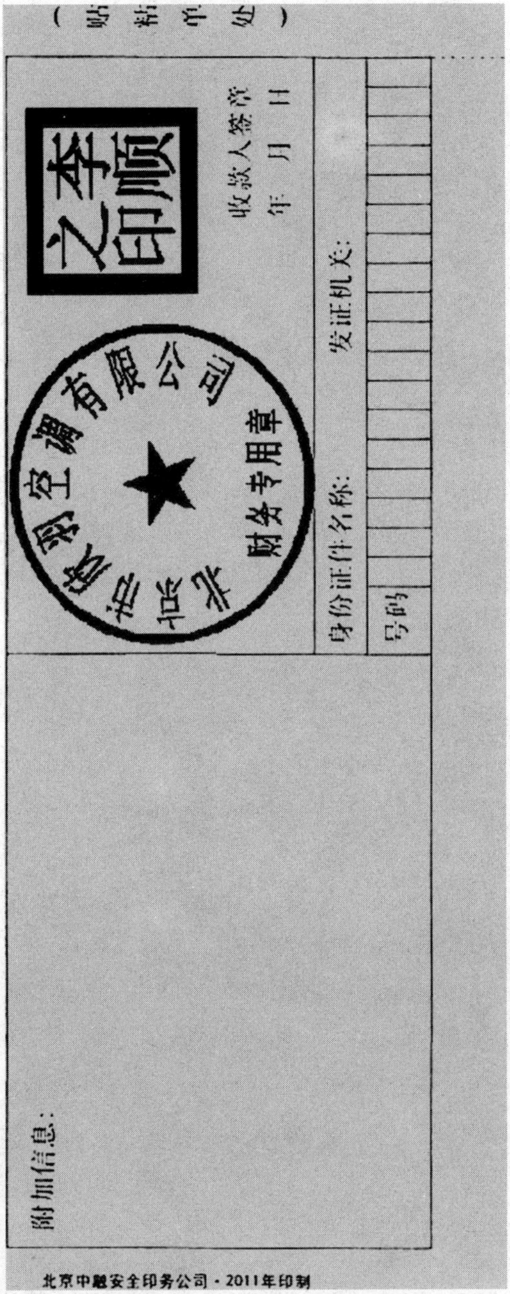
（贴粘单处）

附加信息：

财务专用章

李顺之印

收款人签章

年 月 日

身份证件名称：　　发证机关：

号码

北京中融安全印务公司·2011年印制

凭证13

凭证 14

借 款 单

借款日期2012年 12 月 08 日

单位或部门	采购部	借款人姓名	陈明	借款事由	出差购原材料	
申请借款金额	金额（大写）壹仟伍佰元整				¥1500.00	还款计划
批准金额	金额（大写）壹仟伍佰元整 现金付讫				¥1500.00	预计出差3天，12月10日报销差旅费。
领导批示	同意。李顺		借款人	陈明（盖章）		

凭证 15

北京中钞安全印务公司 · 2012年印制

中国工商银行
转账支票存根
10233133
23456989

附加信息
公司从天津进原材料
压缩机、电机

出票日期 2012年 12月 09日

收款人：天津铁路局运输公司

金　额：￥2000.00

用　途：运杂费

单位主管 李顺　会计 赵凤玲

凭证 16

天 津 铁 路 局

运费杂费收据

付款单位或姓名 北京市欣羽空调有限公司

原运输票据	2012年 12月 09日 第 号		办理种别	
发 站	天津西		到 站	北京南
车种、车号			标 重	
货 物 名 称	件 数	包 装	重 量	计费重量
压缩机、电机				50吨
费 别	费 率	款 额		附 记
		2000.00		
合	计	¥2000.00		

天津铁路局运输公司 结算专用章

经办人签章 刘 佳 2012年 12月 09日

凭证 17

材料验收入库单

材料来源
外购

供应单位：天津市吉地工贸有限公司　　2012 年12月 09日

发 票 号：______　　字第 56 号

材料类别	材料名称	规格材质	计量单位	数　量	实收数量	单　价	金额							
							十	万	千	百	十	元	角	分
	电机		只	200	200	150.00		3	0	0	0	0	0	0
检验结果：	检验员签章：		运杂费						¥	4	0	0	0	0
			合　计				¥	3	0	4	0	0	0	0
备　注：														

北京市欣羽空调有限公司
2012.12.09
验收无误

仓库主管　　材料会计　　收料员　王明　　经办人　　制单　王明

凭证18

材料验收入库单

材料来源
外购

供应单位：天津市吉地工贸有限公司　　2012 年12月 09日

发 票 号：＿＿＿＿＿＿　　字第 55 号

材料类别	材料名称	规格材质	计量单位	数 量	实收数量	单 价	金额							
							十	万	千	百	十	元	角	分
	压缩机		套	200	200	600.00	1	2	0	0	0	0	0	0
检验结果：	检验员签章：				运杂费			¥	1	6	0	0	0	0
					合 计		1	2	1	6	0	0	0	0
备 注：														

北京市欣羽空调有限公司 2012.12.09 验收无误

仓库主管　　材料会计　　收料员 王明　　经办人　　制单 王明

凭证19

差旅费报销单

填报日期 2012年 12月 10 日　　　　第 1 页共 1 页

姓名	陈明	出差地点	天津	出差事由	采购	出差日期	自12年12月08日 至12年12月10日	共3天

出差起止日期	车船机票费				夜间乘车补助费			出差补助费			住宿费	其他费用		结算情况	
	火车	电汽车			车票金额	标准	补助金额	天数	标准	金额		项目	金额		
	90							3	80	240	900		70	原借	¥1500
														报销	¥1300
														退还	¥200
														补领	
小计															
合计报销金额（大写）壹仟叁佰圆整										¥ 1300.00					

附单据共　张

单位（部门）主管 赵玲印凤　　财务主管 张文印利　　审核　　出差人

凭证 20

收　据

2012年12月10日

今收到 陈明

交　来 差旅费剩余借款

人民币（大写） 贰佰元整　　　　Y 200.00

收款单位
（公章）　2012.12.10　现金收讫

收款人	王敏	交款人	陈明

凭证21

支出凭单

2012年 12月 10日　　　　第　　号

即付 公司购买办公用品——电脑桌一张，椅子五把。

款　　对方科目编号

计人民币：壹仟贰佰元整　　现金付讫　　¥ 1200.00

领款人：陈明　　主管审批：李顺

附单据 2 张

财务主管 赵凤玲　记帐　出纳 佳丽　审核 华兴　制单 华兴

丙式－75　12×21厘米(通)

凭证 22

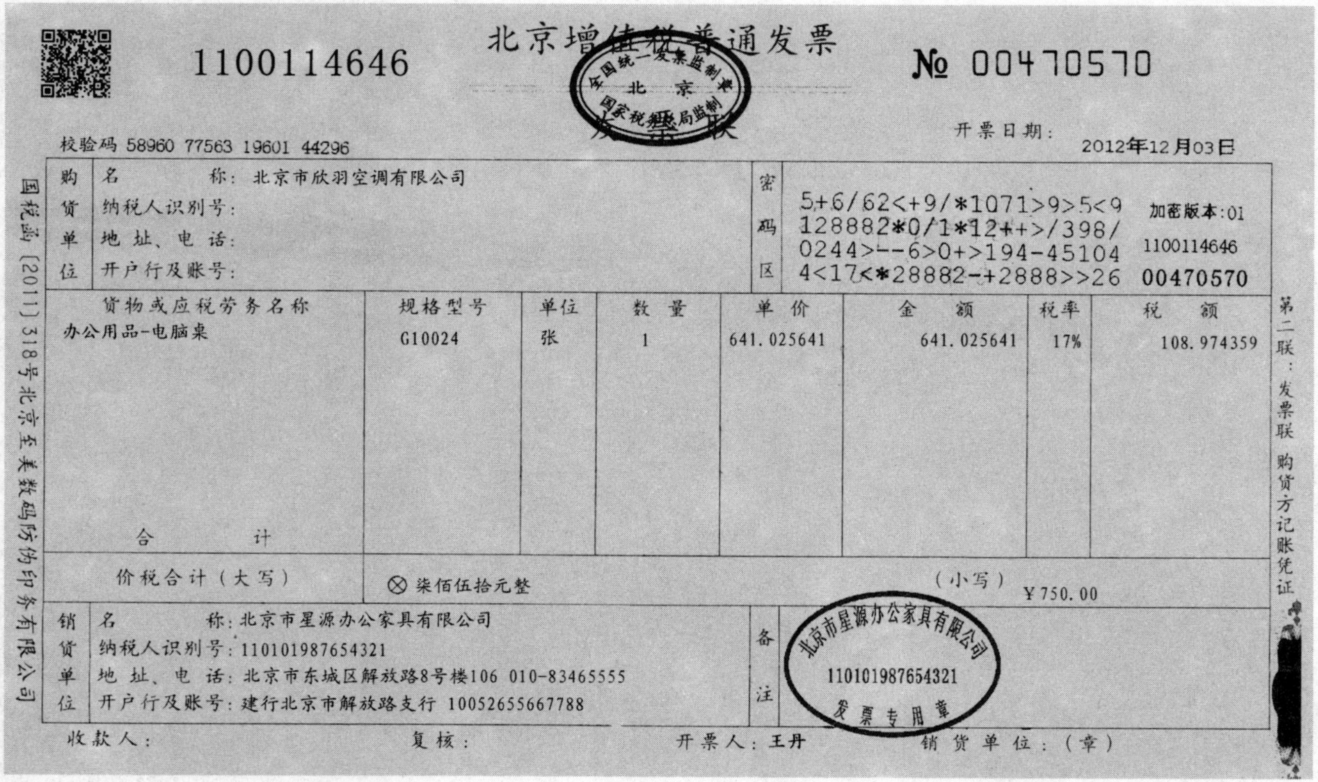

北京增值税普通发票

1100114646　　№ 00470570

发票联

校验码 58960 77563 19601 44296　　开票日期：2012年12月03日

购货单位	名　　称：北京市欣羽空调有限公司 纳税人识别号： 地　址、电　话： 开户行及账号：	密码区	5+6/62<+9/*1071>9>5<9 128882*0/1*12++>/398/ 0244>--6>0+>194-45104 4<17<*28882-+2888>>26	加密版本：01 1100114646 00470570

货物或应税劳务名称	规格型号	单位	数量	单价	金额	税率	税额
办公用品-电脑桌	G10024	张	1	641.025641	641.025641	17%	108.974359
合　　计							

价税合计（大写）　⊗柒佰伍拾元整　　（小写）¥750.00

销货单位	名　　称：北京市星源办公家具有限公司 纳税人识别号：110101987654321 地　址、电　话：北京市东城区解放路8号楼106 010-83465555 开户行及账号：建行北京市解放路支行 10052655667788	备注	

收款人：　　复核：　　开票人：王丹　　销货单位：（章）

第二联：发票联　购货方记账凭证

国税函〔2011〕318号北京至美数码防伪印务有限公司

凭证23

1100114646　　**北京增值税普通发票**　　№ 00470570

（印章：全国统一发票监制章 北京 国家税务局监制）

发票联

校验码 58960 77563 19601 44296　　开票日期：2012年12月06日

购货单位	名　　称：北京市欣羽空调有限公司 纳税人识别号： 地 址、电 话： 开户行及账号：	密码区	5+6/62<+9/*1071>9>5<9　加密版本:01 128882*0/1*12++>/398/　1100114646 0244>--6>0+>194-45104 4<17<*28882-+2888>>26　00470570

货物或应税劳务名称	规格型号	单位	数量	单价	金额	税率	税额
办公用品-椅子	K10036	把	5	76.923077	384.615385	17%	65.384615
							4
合　　计							
价税合计（大写）	⊗肆佰伍拾元整				（小写）￥450.00		

销货单位	名　　称：北京市星源办公家具有限公司 纳税人识别号：110101987654321 地 址、电 话：北京市东城区解放路8号楼106 010-83465555 开户行及账号：建行北京市解放路支行 10052655667788	备注	（印章：北京市星源办公家具有限公司 110101987654321 发票专用章）

收款人：　　复核：　　开票人：王丹　　销货单位：（章）

第二联：发票联 购货方记账凭证

国税函〔2011〕318号北京至美数码防伪印务有限公司

凭证24

材料验收入库单

材料来源
外购

供应单位：陕西省西安市胜利公司　　2012 年12月 12日

发 票 号：______　　字第 57 号

材料类别	材料名称	规格材质	计量单位	数　量	实收数量	单　价	金额							
							十	万	千	百	十	元	角	分
	冷轧薄钢板		吨	3	3	5000.00		1	5	0	0	0	0	0
检验结果：		检验员签章：		运杂费					¥	6	0	0	0	0
				合　计			¥	1	5	6	0	0	0	0
备　注：														

仓库主管　　材料会计　　收料员　王明　　经办人　　制单　王明

北京市欣羽空调有限公司
2012.12.12
验收无误

凭证25

北京增值税专用发票

№

此联不作报销、扣税凭证使用

开票日期：2012年12月12日

购货单位	名　　称：北京鼎好建设公司 纳税人识别号：110104999997265 地 址、电 话：北京市海淀区阜成路7-88号　010-82736473 开户行及账号：建设银行北京阜成路支行　15324675984666	密码区	<+<>/-+7<*78*96*401>* 5*3768*>4/570>+87+36+ 08373674//6-+3<***848 27**6869/6->77<*2>>3* 加密版本:01

货物或应税劳务名称	规格型号	单位	数量	单价	金额	税率	税额
油漆		公斤	4.1	243.90243902	1000.00	17%	170.00
合　　计					1000.00		170.00
价税合计（大写）	⊗壹仟壹佰柒拾元整				（小写）￥1170.00		

销货单位	名　　称：北京市欣羽空调有限公司 纳税人识别号：110106100012412 地 址、电 话：北京市丰台区开阳路49号　010-83559999 开户行及账号：工商银行北京开阳路支行　0200006600008888	备注	北京市欣羽空调有限公司 110106100012412 发票专用章

收款人：　　复核：　　开票人：李雪　　销货单位：（章）

第一联：记账联　销货方记账凭证

国税函〔2005〕1203号北京印钞厂

凭证 26

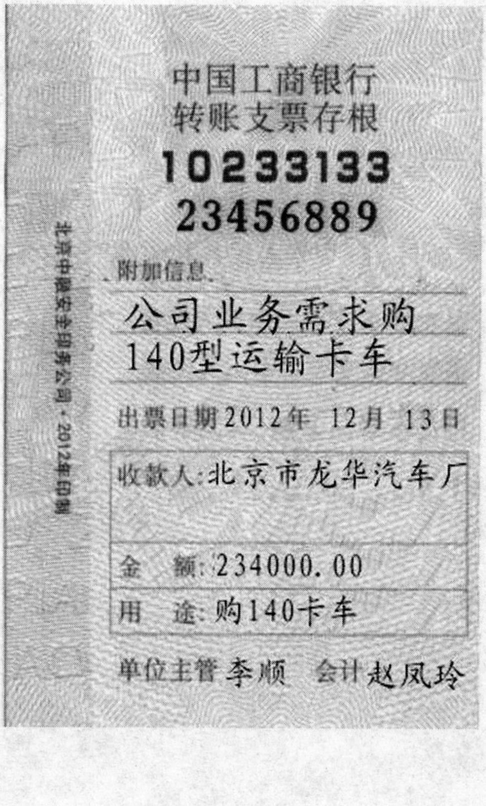

中国工商银行
转账支票存根
10233133
23456889

附加信息
公司业务需求购
140型运输卡车

出票日期 2012年 12月 13日

收款人：北京市龙华汽车厂

金　额：234000.00

用　途：购140卡车

单位主管 李顺　会计 赵凤玲

北京中钞安全印务公司·2012年印制

凭证 27

固定资产验收单

购置单位：　　　　　　　　　　　　购置时间：2012年12月13日

名称	生产厂家	数量	单价	金额(元)	存放地点
140卡车	北京市龙华汽车厂	1辆	200,000	200,000.00	

北京市欣羽空调有限公司
2012.12.13
验收无误

单位资产管理人员(签字)：王淼　　　　验收人(签字)：林丽

凭证28

北京增值税专用发票

发票联

№

开票日期：2012年12月13日

校验码：

购货单位	名称：北京市欣羽空调有限公司 纳税人识别号：110106100012412 地址、电话：北京市丰台区开阳路49号 010-83559999 开户行及账号：工商银行北京开阳路支行 0200006600008888			密码区	<+<>/-+7<*78*96*401>* 5*3768*>4/570>+87+36+ 08373674//6-+3<***848 27**6869/6->77<*2>>3*	加密版本:01	
货物或应税劳务名称	规格型号	单位	数量	单价	金额	税率	税额
140货车		辆	1	200,000	200,000	17%	34,000
合计					￥200,000		￥34,000
价税合计（大写）	⊗贰拾叁万肆仟圆整				（小写）￥234,000.00		
销货单位	名称：北京市龙华汽车厂 纳税人识别号：140888899620816 地址、电话：北京市顺义区机场路44号 010-59274344 开户行及账号：北京市商业银行顺义开发区支行 1431040005990			备注	北京市龙华汽车厂 140888899620816 发票专用章		

收款人：　　复核：　　开票人：张海　　销货单位：（章）

第二联：发票联 购货方记账凭证

国税函〔2005〕1203号北京印钞厂

全国统一发票监制章 北京 国家税务总局监制

凭证29

北京增值税专用发票

№

开票日期：2012年12月13日

校验码：

购货单位	名　　称：北京市欣羽空调有限公司 纳税人识别号：110106100012412 地 址、电 话：北京市丰台区开阳路49号　010-83559999 开户行及账号：工商银行北京开阳路支行　020000660000088888	密码区	<+<>/-+7<*78*96*401>* 5*3768*>4/570>+87+36+ 08373674//6-+3<***848 27**6869/6->77<*2>>3* 加密版本：01

货物或应税劳务名称	规格型号	单位	数量	单价	金额	税率	税额
140货车		辆	1	200,000	200,000	17%	34,000
合　计					¥200,000		¥34,000
价税合计（大写）	⊗贰拾叁万肆仟圆整				（小写）¥234,000.00		

销货单位	名　　称：北京市龙华汽车厂 纳税人识别号：140888899620816 地 址、电 话：北京市顺义区机场路44号　010-59274344 开户行及账号：北京市商业银行顺义开发区支行　1431040005990	备注	（印章：北京市龙华汽车厂 140888899620816 发票专用章）

收款人：　　　复核：　　　开票人：张海　　　销货单位：（章）

第三联：抵扣联　购货方扣税凭证

国税函〔2005〕1203号北京印钞厂

（印章：全国统一发票监制章 北京 国家税务总局监制）

凭证 30

中国工商银行
转账支票存根

10233133
23456899

附加信息

公司垫付销售给上海华星公司空调铁路运杂费

出票日期 2012年 12月 13日

收款人:	北京铁路局运输公司
金　额:	1450.00
用　途:	铁路运杂费

单位主管 李顺　会计 赵凤玲

北京中钞安全印务公司 · 2012年印制

凭证 31

北　京　铁　路　局

运费杂费收据　K057164

付款单位或姓名 北京市欣羽空调有限公司

原运输票据	年　月　日第　号	办理种别	
发　站	北京南站	到　站	上海站
车种、车号		标　重	

货物名称	件数	包装	重量	计费重量
I型单冷空调	50台		Kg	2000
II型冷暖空调	40台		Kg	2000

费别	费率	款额	附记
运费		￥1,040.00	
装车费		￥410.00	
合　计		￥1,450.00	

北京铁路局运输公司 结算专用章

经办人签章 王雎　2012 年 12 月 13 日

凭证 32

北京增值税专用发票

№

此联不作报销、扣税凭证使用

开票日期：2012年12月13日

校验码

购货单位	名　　称：上海华星股份有限公司 纳税人识别号：11466666092 地 址、电 话：上海市太原路16号 开户行及账号：建设银行上海市太原路支行	密码区	<+<>/-+7<*78*96*401>* 5*3768*>4/570>+87+36+ 08373674//6-+3<***848 27**6869/6->77<*2>>3* 加密版本：01

货物或应税劳务名称	规格型号	单位	数量	单价	金额	税率	税额
I型单冷空调		台	50	2,600.00	130,000.00	17%	22,100.00
II型冷暖空调		台	40	2,800.00	112,000.00	17%	19,040.00
合　计					¥242,000.00		¥41,140.00
价税合计（大写）	⊗贰拾捌万叁仟壹佰肆拾元整				（小写）283,140.00		

销货单位	名　　称：北京市欣羽空调有限公司 纳税人识别号：110106100012412 地 址、电 话：北京市丰台区开阳路49号　010-83559999 开户行及账号：工商银行北京开阳路支行　0200006600088888	备注	

收款人：　　复核：　　开票人：李雪　　销货单位：（章）

第一联：记账联　销货方记账凭证

国税函〔2005〕1203号北京印钞厂

凭证 33

ICBC 中国工商银行　　凭证

业务回单（付款）

入账日期：2012-12-14　　回单编号：13013000003
付款人户名：　北京市欣羽空调有限公司
付款人账号：　0200006600008888
付款人开户行/发报行：
收款人户名：　中国铁通集团有限公司北京分公司
收款人帐号：　11001013900056230494
收款人开户行：中国建设银行北京铁道专业支行营业部
币种：　人民币（本位币）　　金额（小写）：　2,380.00
金额（大写）：　贰仟叁佰捌拾元整
凭证种类：　　凭证号码：
业务（产品）种类：跨行小额　　摘要：　电话费
交易机构号：0020000036　记账柜员号：00023　交易代码：52063　用途：
附言：电话费
支付交易序号：1059489 报文种类：00114 定期借记业务报文
委托日期：2012-12-14 业务种类：电话费
收款人地址：丰台区广莲路9号豪森大厦3层
付款人地址：工行开阳路支行
多方协议号：251517
流水号：52746790

打印次数：1　次　机打回单注意重复　打印日期：2012-12-14　打印柜员：043562

中国工商银行股份有限公司北京开阳路支行　2012.12.14　核算用章

235.4 × 139.7mm　2010年10月版

凭证34

支出凭单

2012年 12月 15日　　　　第　　号

即　付 公司职工张东生活困难补助

款　　　　对方科目编号

计人民币：壹仟元整　现金付讫　¥ 1000.00

领款人：张东　　　主管审批：同意。李顺

附单据　　张

丙式—75　12×21厘米(通)

财务主管　　记帐　　出纳　　审核　　制单

凭证35

国

电子缴款凭证

NO. 110106371481

打印日期 2012-12-15

纳税人识别号	110106100012412		税务征收机关	北京市国税局丰台区分局		
纳税人全称	北京市欣羽空调有限公司		银行账号	106255388466		
系统税票号	税（费）种	税（品）目	所属时期	实缴金额	缴款日期	备注
110106004274582536	增值税	工业制品业	2012-11-01 ~2012-11-30	34 000.00	2012-12-15	1
金额合计	（大写）叁万肆仟元整			¥ 34 000.00		

本缴款凭证仅作为纳税人记账核算凭证使用，电子缴税的，需与银行对账单电子划缴记录核对一致方有效。纳税人如需汇总开具正式完税证明，请凭税务登记证或身份证明到主管税务机关开具。

税务机关（电子章）

国家税务局 征税专用章

凭证 36

中国工商银行
转账支票存根
10233133
23456897

附加信息
公司购买原材料

出票日期 2012 年 12 月 16 日

收款人:	北京吉天工贸有限责任公司
金　额:	166 140.00
用　途:	购铜、铝材等

单位主管　　　会计

北京中融安全印务公司·2012年印制

凭证37

北京增值税专用发票

№

发票联

全国统一发票监制章 北京 国家税务局监制

开票日期 2012年12月16日

购货单位	名　　称：北京市欣羽空调有限公司 纳税人识别号：110106100012412 地 址、电 话：北京市丰台区开阳路49号 010-83559999 开户行及账号：工商银行北京开阳路支行　02000066000088888	密码区	<+<>/-+7<*78*96*401>* 5*3768*>4/570>+87+36+ 08373674//6-+3<***848 27**6869/6->77<*2>>3* 加密版本:01

货物或应税劳务名称	规格型号	单位	数量	单价	金额	税率	税额
铜材		公斤	2000	60.00	120 000.00	17%	20 400.00
铝材		公斤	500	30.00	15 000.00	17%	2 550.00
塑料		吨	2	3 500.00	7 000.00	17%	1 190.00
合　计					￥142,000.00		￥24 140.00
价税合计（大写）	⊗壹拾陆万陆仟壹佰肆拾元整				（小写）￥166 140.00		

销货单位	名　　称：北京吉天工贸有限责任公司 纳税人识别号：1101021118666 地 址、电 话：北京市西城区复兴门内大街66楼-13　010-51985555 开户行及账号：北京银行阜城支行　010257566655	备注	北京吉天工贸有限责任公司 1101021118666 发票专用章

收款人：　　　复核：　　　开票人：赵刚　　　销货单位：（章）

第二联：发票联　购货方记账凭证

凭证38

北京增值税专用发票

№

开票日期 2012年12月16日

购货单位	
名　　称	北京市欣羽空调有限公司
纳税人识别号	110106100012412
地址、电话	北京市丰台区开阳路49号 010-83559999
开户行及账号	工商银行北京开阳路支行　0200006600088888

密码区：
<+<>/-+7<*78*96*401>*
5*3768*>4/570>+87+36+
08373674//6-+3<***848
27**6869/6->77<*2>>3*

加密版本:01

货物或应税劳务名称	规格型号	单位	数量	单价	金额	税率	税额
铜材		公斤	2000	60.00	120 000.00	17%	20 400.00
铝材		公斤	500	30.00	15 000.00	17%	2 550.00
塑料		吨	2	3 500.00	7 000.00	17%	1 190.00
合　　计					¥142 000.00		¥24 140.00
价税合计（大写）	⊗壹拾陆万陆仟壹佰肆拾元整				（小写）¥166 140.00		

销货单位	
名　　称	北京吉天工贸有限责任公司
纳税人识别号	1101021118666
地址、电话	北京市西城区复兴门内大街66楼-13 010-51985555
开户行及账号	北京银行阜城支行　010257566655

备注：北京吉天工贸有限责任公司 1101021118666 发票专用章

收款人：　　复核：　　开票人：赵刚　　销货单位：（章）

第三联：抵扣联 购货方扣税凭证

凭证 39

材料验收入库单

材料来源
外购

供应单位：北京吉天工贸有限责任公司　　2012 年12月 16日

发 票 号：________　　字第 59 号

材料类别	材料名称	规格材质	计量单位	数　量	实收数量	单　价	金额							
							十	万	千	百	十	元	角	分
	铜材		公斤	2000	2000	60.00	1	2	0	0	0	0	0	0
	铝材		公斤	500	500	30.00		1	5	0	0	0	0	0
	塑料		吨	2	2	3500.00			7	0	0	0	0	0
检验结果：		检验员签章：			运杂费									
					合　计		1	4	2	0	0	0	0	0

备　注：

北京市欣羽空调有限公司
2012.12.16
验收无误

仓库主管　　材料会计　　收料员　王明　　经办人　　制单　王明

凭证 40

托收号码：

承付期限
到期 13年01月02日

托收承付 凭证 （受理回单） 1

委托日期 2012 年12月23日

付款人	全称	石家庄华光公司	收款人	全称	北京市欣羽空调有限公司										
付款人	账号或地址	131991030005909	收款人	账号	0200006600088888										
付款人	开户银行	招商银行石家庄市建国路支行	收款人	开户银行	工商银行北京开阳路支行	行号	66								
托收金额	人民币（大写）	叁万叁仟贰佰陆拾元整			千	百	十	万	千	百	十	元	角	分	
							¥	3	3	2	6	0	0	0	
附件		商品发运情况			合同名称号码										
附寄单证		已发													
备注：		款项受托日期 年 月 日			收款人开户银行盖章 年 月 日										

中国工商银行股份有限公司北京开阳路支行 2012.12.23 核算用章

单位主管　　会计　　复核　　记账　　付款人开户银行盖章　　年　月　日

凭证41

支出凭单

2012年 12月 18日　　第　　号

即付公司销售空调，职工王彪垫付铁路运杂费

款　　对方科目编号

计人民币：伍佰元整　　现金付讫　　¥500.00

领款人：王彪　　主管审批：同意。李顺

附单据　　张

财务主管　　记帐　　出纳　　审核　　制单

丙式—75　　12×21厘米(通)

凭证 42

北　京　铁　路　局

运费杂费收据　　K048277

付款单位或姓名 北京市欣羽空调有限公司

原运输票据	年　月　日第　号			办理种别	
发　站	北京南站	到　站		石家庄火车站	
车种、车号				标重	

货物名称	件数	包装	重量	计费重量
II型冷暖空调	10		Kg	470

费别	费率	款额	附记
运费		￥470.00	
装卸费		￥30.00	
合　计		￥500.00	

经办人签章：王雎　2012 年 12 月 18 日

凭证43

北京增值税专用发票

№

此联不作报销、扣税凭证使用

开票日期：2012年12月18日

校验码

购货单位	名　　称：石家庄华光公司 纳税人识别号：13111674136 地址、电话：石家庄城关区建国路7号 0311-8564273 开户行及账号：招商银行石家庄市建设路支行　131991030005909			密码区	<+<>/-+7<*78*96*401>*　加密版本：01 5*3768*>4/570>+87+36+ 08373674//6-+3<***848 27**6869/6->77<*2>>3*		
货物或应税劳务名称	规格型号	单位	数量	单价	金额	税率	税额
II型冷暖空调		台	10	2,800.00	28,000.00	17%	4,760.00
合　计					¥28,000.00		¥4,760.00
价税合计（大写）	⊗叁万贰仟柒佰陆拾元整				（小写）¥32,760.00		
销货单位	名　　称：北京市欣羽空调有限公司 纳税人识别号：110106100012412 地址、电话：北京市丰台区开阳路49号　010-83559999 开户行及账号：工商银行北京开阳路支行　02000066000088888			备注			

收款人：　　　　复核：　　　　开票人：李雪　　　　销货单位：（章）

第一联：记账联　销货方记账凭证

国税函〔2005〕1203号北京印钞厂

凭证 44

凭证45

天津增值税专用发票

№

开票日期：2012年12月20日

校验码：

购货单位	名　　称：北京市欣羽空调有限公司 纳税人识别号：110106100012412 地址、电话：北京市丰台区开阳路49号　010-83559999 开户行及账号：工商银行北京开阳路支行　02000066000088888	密码区	<+<>/-+7<*78*96*401>* 5*3768*>4/570>+87+36+ 08373674//6-+3<***848 27**6869/6->77<*2>>3* 加密版本：01

货物或应税劳务名称	规格型号	单位	数量	单价	金额	税率	税额
压缩机		套	200	600.00	120,000.00	17%	20,400.00
电机		只	200	150.00	30,000.00	17%	5,100.00
合　计					¥150,000.00		¥25,500.00
价税合计（大写）	⊗壹拾柒万伍仟伍佰元整				（小写）¥175,500.00		

销货单位	名　　称：天津市吉地工贸有限公司 纳税人识别号：1201032560887 地址、电话：天津市滨海新区沿海路47号院　022-3369022 开户行及账号：建行天津空港支行　29250819520001	备注	（印章：天津市吉地工贸有限公司 1201032560887 发票专用章）

收款人：　　复核：　　开票人：　　销货单位：（章）

第二联：发票联　购货方记账凭证

国税函［2005］1203号北京印钞厂

凭证45

凭证46

天津增值税专用发票

No

开票日期：2012年12月20日

校验码

购货单位	名称：北京市欣羽空调有限公司 纳税人识别号：110106100012412 地址、电话：北京市丰台区开阳路49号　010-83559999 开户行及账号：工商银行北京开阳路支行　02000066000088888			密码区	<+<>/-+7<*78*96*401>* 5*3768*>4/570>+87+36+ 08373674//6-+3<***848 27**6869/6->77<*2>>3*	加密版本:01	
货物或应税劳务名称	规格型号	单位	数量	单价	金额	税率	税额
压缩机		套	200	600.00	120,000.00	17%	20,400.00
电机		只	200	150.00	30,000.00	17%	5,100.00
合计					¥150,000.00		¥25,500.00
价税合计（大写）	⊗壹拾柒万伍仟伍佰元整				（小写）¥175,500.00		
销货单位	名称：天津市吉地工贸有限公司 纳税人识别号：1201032560887 地址、电话：天津市滨海新区沿海路47号院　022-3369022 开户行及账号：建行天津空港支行　29250819520001			备注			

收款人：　　复核：　　开票人：　　销货单位：（章）

第三联：抵扣联　购货方扣税凭证

国税函〔2005〕1203号北京印钞厂

（印章：全国统一发票监制章　天津　国家税务总局监制）

（印章：天津市吉地工贸有限公司　1201032560887　发票专用章）

凭证46

中国工商银行
转账支票存根
10233133
24454201
附加信息
公司支付9号赊购原料款
出票日期2012年 12月 20日
收款人：天津市吉地工贸有限公司
金　额：175500.00
用　途：购压缩机、电机
单位主管　　会计

北京中融安全印务公司·2012年印制

中国工商银行　转账支票　10233133 24454201

出票日期（大写）　贰零壹贰年　壹拾贰月　零贰拾日　　付款行名称：工行开阳路支
收款人：天津市吉地工贸有限公司　　出票人账号：02000066000088888

付款期限自出票之日起十天

人民币（大写）	亿	千	百	十	万	千	百	十	元	角	分
壹拾柒万伍仟伍佰元整			¥	1	7	5	5	0	0	0	0

用途 购压缩机、电机　　密码
上列款项请从　　行号 102100000661
我账户内支付
出票人签章　　复核　　记账

北京市欣翔空调有限公司 财务专用章
李顺之印

⑈454201⑈⑆010200666⑆0660000888811⑈00

凭证47

进账单

2012年 12月 20日

出票人	全称	北京市欣羽空调有限公司
	账号	02000066000088888
	开户银行	066
金额	人民币（小写）	亿 千 百 十 万 千 百 十 元 角 分 ¥ 1 7 5 5 0 0 0 0
收款人	全称	天津市吉地工贸有限公司
	账号	29250819520001
	开户银行	建行天津空港支行
票据种类	转账支票	票据张数 1
票据号码		

金保联

进账单（回 单） 1

2012年 12月 20日

出票人	全称	北京市欣羽空调有限公司	收款人	全称	天津市吉地工贸有限公司
	账号	02000066000088888		账号	29250819520001
	开户银行	工商银行北京开阳路支行		开户银行	建行天津空港支行
金额	人民币（大写）	壹拾柒万伍仟伍佰元整		亿 千 百 十 万 千 百 十 元 角 分	¥ 1 7 5 5 0 0 0 0
票据种类	转账支票	票据张数 1			
票据号码					
公司赊购压缩机、电机款				受理银行签章	

中国工商银行股份有限公司北京开阳路支行 2012.12.20 核算用章

金保联

此联是出票人开户行交给持（出）票人的回单

凭证48

中国工商银行贷款利息通知单（支款通知）

2012年12月20日

存款	账　号	02000066000088888	贷款种类	积数金额	利率‰	利息金额
	户　名	北京市欣羽空调有限公司				
贷款	账　号	02000066181866666				15 000.00
	户　名	北京市欣羽空调有限公司				
利息金额合计人民币（大写）			壹万贰仟元整			
计息期：10月至12月			上列贷款利息已从你单位结算存款账户如数支付，请即入账。			

2012.12.20　核算用章

凭证 49

北京市邮电通信业、金融保险业专用发票

BEIJING SPECIAL INVOICE FOR POST AND TELECOMMUNICATION, FINANCE AND INSURANCE INDUSTRY

发票联 INVOICE

发票代码 Invoice code 211241242400
发票号码 Invoice No. 028058858
密码 Password [redacted]
信息码 INF.number 2042020202

税务登记号 Tax registry No.　110106777066588
收款单位 Payee　北京市南区邮电局开阳路支局
付款单位(个人) Payer (individual)　北京市欣羽空调有限公司

经营项目 Service item	数量	单价	金额 Amount charged
订阅_订阅报纸费	4		800.00

（印章：北京市南区邮电局开阳路支局 110106777066588 发票专用章）

金额合计（人民币大写）Total amount (in letters)　捌佰元整　　合计金额（小写）：800.00
机打票号 Printing No.　20420202020280585 8
税控装置号 Receiver No.　1000000000004918
税控装置防伪码 Anti-forgery code　e95900929203e609
开票日期 Date issued　2012-12-21

收款单位(盖章有效) Payee (seal)

税控装置打印发票手开无效
Printed by receiver,hand-writing invalid

一 发票联 First Invoice

「机打票号」与「信息码」和「发票号码」必须一致，否则无效
The printing number should comply with the information number and the invoice number, or the invoice is illegal.

凭证 50

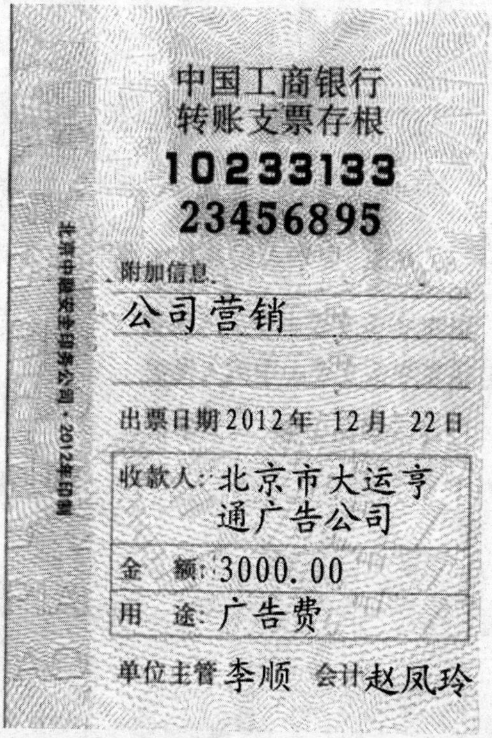

中国工商银行
转账支票存根
10233133
23456895

附加信息
公司营销

出票日期 2012年 12月 22日

收款人:	北京市大运亨通广告公司
金　额:	3000.00
用　途:	广告费

单位主管 李顺　会计 赵凤玲

北京中融安全印务公司·2012年印制

凭证51

北京市服务业、娱乐业、文化体育业专用发票

BEIJING SPECIAL INVOICE FOR SERVICE INDUSTRY ENTERTAINMENT INDUSTRY AND PHYSICAL CULTURE INDUSTRY

发票联 INVOICE

发票代码 Invoice code 211009279059

发票号码 Invoice No. 09994999

密码 Password [redacted]

69109005-03109139-94096005

奖区 Award area

[redacted]

1. 刮开奖区覆盖层后显示中奖金额或"谢谢您"。
2. 告知事项：中奖后，在兑奖前不得将发票联和兑奖联撕开，否则，不予以办理兑奖手续。

69109005-03109139-94096005

税号 Tax registry No. 110103101733333

收款单位 Payee 北京市大运亨通广告公司

付款单位（个人）Payer (individual) 北京市欣羽空调有限公司

项目 Item	单价 Unit price	数量 Amount	金额 Amount charged
广告费	3000.00	1	3000.00
小写合计 Total in figures	¥3000.00		
大写合计 Total in letters	叁仟元整		

一 发票联 First Invoice

机打号码 Printed No. 09994596

机器编号 Machine No. 008510101887

税控码 Tax control code 4025 5182 7112 0255 7597

收款员 Cashier LJII

开票日期 Date issued 2012/12/22

收款单位（盖章有效）Payee (seal)

（印章：北京市大运亨通广告公司 77852963415279 发票专用章）

税控机打发票手开无效 Printed by receiver, hand-writing invalid

此发票系北京市地方税务局批准印制（国标）09 印
Printing of the invoice is ratified by Beijing Local Taxation Bureau (GB)

凭证 52

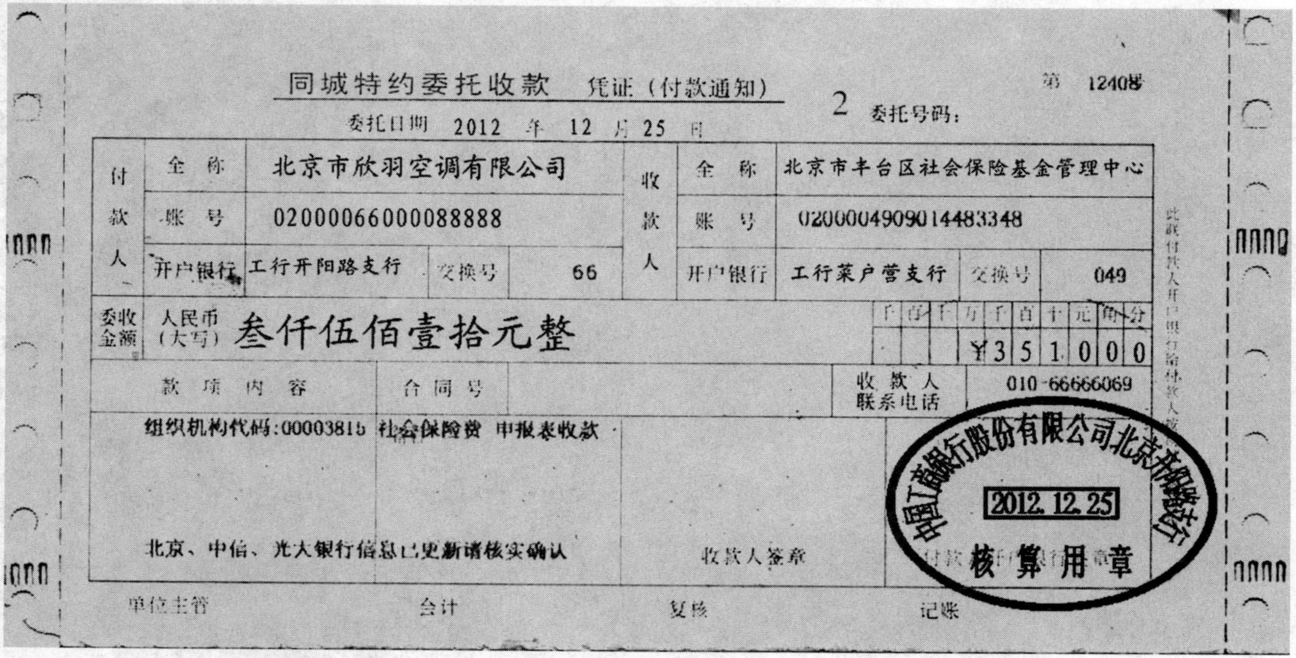

同城特约委托收款 凭证（付款通知） 2 委托号码： 第 12408号

委托日期 2012 年 12 月 25 日

付款人	全称	北京市欣羽空调有限公司		收款人	全称	北京市丰台区社会保险基金管理中心	
	账号	02000066000088888			账号	0200004909014483348	
	开户银行	工行开阳路支行	交换号 66		开户银行	工行菜户营支行	交换号 049
委收金额	人民币（大写）	叁仟伍佰壹拾元整				千百十万千百十元角分	¥351000
款项内容		合同号			收款人联系电话	010-66666069	

组织机构代码:00003815 社会保险费 申报表收款

北京、中信、光大银行信息已更新请核实确认

收款人签章

付款人开户银行盖章

中国工商银行股份有限公司北京开阳路支行 2012.12.25 核算用章

此联付款人开户银行给付款人的

单位主管 会计 复核 记账

凭证 53

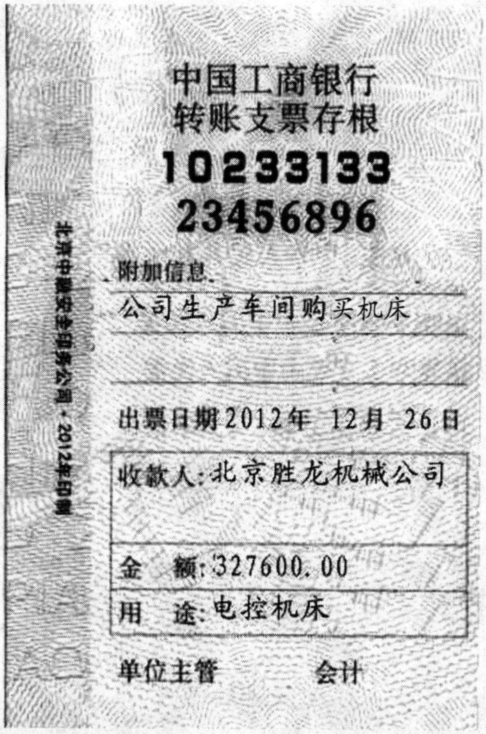

北京中钞安全印务公司 · 2012年印制

中国工商银行
转账支票存根
10233133
23456896

附加信息
公司生产车间购买机床

出票日期 2012年 12月 26日

收款人：北京胜龙机械公司

金 额：327600.00

用 途：电控机床

单位主管　　会计

凭证54

外购财产物资验收单

购置单位：　　　　　　　　　　　　　　　　购置时间：　2012年　12月　26　日

名称	品牌	规格	型号	生产厂家	数量	单价	金额(元)	存放地点
电控机床							¥280,000.00	

单位资产管理人员(签字)：张兰　　　经手人（签字）：李伟　　　验收人(签字)：张娜

凭证55

北京增值税专用发票

全国统一发票监制章 北京 国家税务总局监制

No

发票联

开票日期：2012年12月26日

校验码：

购货单位	名　　称：北京市欣羽空调有限公司 纳税人识别号：110106100012412 地 址、电 话：北京市丰台区开阳路49号　010-83559999 开户行及账号：工商银行北京开阳路支行　0200006600008888	密码区：<+<>/-+7<*78*96*401>* 5*3768*>4/570>+87+36+ 08373674//6-+3<***848 27**6869/6->77<*2>>3* 加密版本:01

货物或应税劳务名称	规格型号	单位	数量	单价	金额	税率	税额
电控机床		套	1	280 000.00	280 000.00	17%	47 600.00
合　　计					¥280 000.00		¥47 600.00
价税合计（大写）	⊗叁拾贰万柒仟陆佰元整				（小写）¥327,600.00		

销货单位	名　　称：北京胜龙机械公司 纳税人识别号：110108662340014 地 址、电 话：北京市海淀区龙行路56号　62358885 开户行及账号：北京市工商银行龙行路支行　0800007800782263460	备注：北京胜龙机械公司 110108662340014 发票专用章

收款人：　　复核：　　开票人：赵龙　　销货单位：（章）

国税函〔2005〕1203号北京印钞厂

第二联：发票联 购货方记账凭证

凭证56

北京增值税专用发票

No

开票日期：2012年12月26日

校验码

购货单位	名　　称：北京市欣羽空调有限公司 纳税人识别号：110106100012412 地 址、电 话：北京市丰台区开阳路49号　010-83559999 开户行及账号：工商银行北京开阳路支行　0200006600008888	密码区	<+<>/-+7<*78*96*401>*　加密版本:01 5*3768*>4/570>+87+36+ 08373674//6-+3<***848 27**6869/6->77<*2>>3*

货物或应税劳务名称	规格型号	单位	数量	单价	金额	税率	税额
电控机床		套	1	280 000.00	280 000.00	17%	47 600.00
合　　计					¥280 000.00		¥47 600.00
价税合计（大写）	⊗叁拾贰万柒仟陆佰元整				（小写）¥327 600.00		

销货单位	名　　称：北京胜龙机械公司 纳税人识别号：110108662340014 地 址、电 话：北京市海淀区龙行路56号　62358885 开户行及账号：北京市工商银行龙行路支行　0800007800782263460	备注	北京胜龙机械公司 110108662340014 发票专用章

收款人：　　复核：　　开票人：赵龙　　销货单位：（章）

第三联：抵扣联　购货方扣税凭证

国税函〔2005〕1203号北京印钞厂

凭证57

北京增值税专用发票

№

此联不作报销、扣税凭证使用

开票日期：2012年12月27日

校验码

购货单位	名　　称：北京昊天经贸有限责任公司 纳税人识别号：02883567 地 址、电 话：北京市西城区复兴门外大街88楼101室　68599999 开户行及账号：工商银行复兴门外支行　0200005509080706055	密码区	<+<>/-+7<*78*96*401>*　加密版本:01 5*3768*>4/570>+87+36+ 08373674//6-+3<***848 27**6869/6->77<*2>>3*

货物或应税劳务名称	规格型号	单位	数量	单价	金额	税率	税额
I型单冷空调		台	150	2,600.00	390,000.00	17%	66,300.00
II型冷暖空调		台	200	2,800.00	560,000.00	17%	95,200.00
合　　计					¥950,000.00		¥161,500.00
价税合计（大写）	⊗壹佰壹拾壹万壹仟伍百元整				（小写）¥1,111,500.00		

销货单位	名　　称：北京市欣羽空调有限公司 纳税人识别号：110106100012412 地 址、电 话：北京市丰台区开阳路49号　010-83559999 开户行及账号：工商银行北京开阳路支行　0200006600088888	备注	

收款人：　　复核：　　开票人：李雪　　销货单位：（章）

第一联：记账联　销货方记账凭证

国税函〔2005〕1203号北京印钞厂

凭证 58

中国工商银行　转账支票

10233133
23454321

出票日期（大写）　贰零壹贰年　壹拾贰月　贰拾柒日　　付款行名称：工行复兴门外支行

收款人：北京市欣羽空调有限公司　　出票人账号：020000550908070605 5

付款期限自出票之日起十天

人民币（大写）	亿	千	百	十	万	千	百	十	元	角	分
壹佰壹拾壹万壹仟伍百元整		¥	1	1	1	1	5	0	0	0	0

用途　购货款　　密码

上列款项请从　　行号　102100000666

我账户内支付

出票人签章　　复核　　记账

北京昊天经贸有限责任公司 财务专用章

张兰印明

⑈454201⑈⑆010200556⑆0550908070605 5⑈00

凭证 59

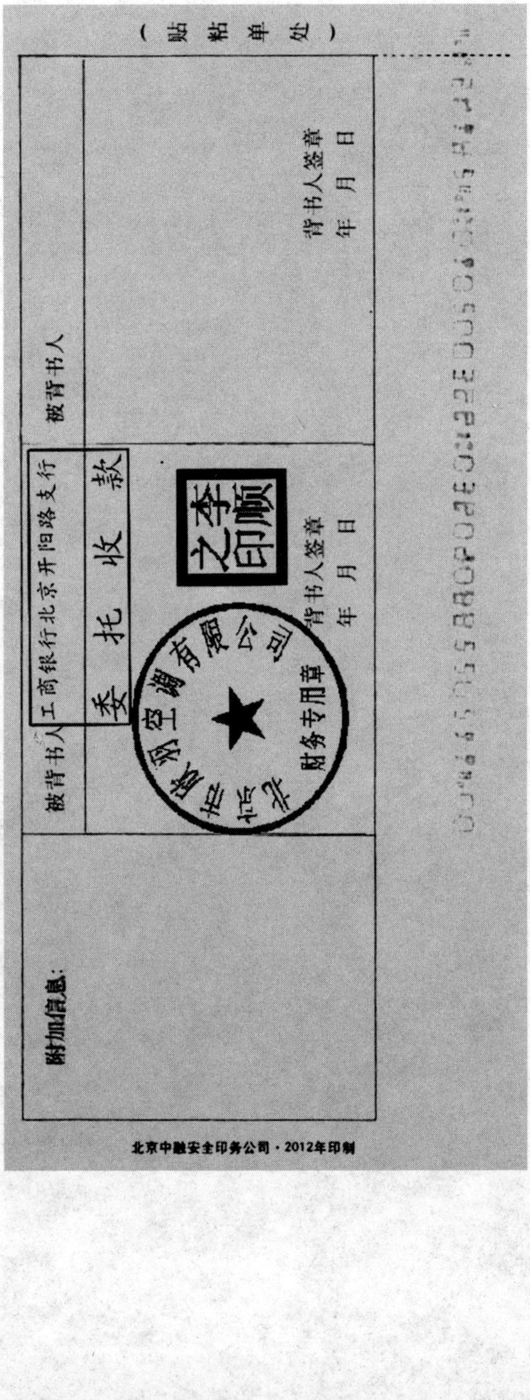

附加信息：	被背书人 工商银行北京开阳路支行	被背书人
	委托收款	
	李顺之印 背书人签章 年　月　日	背书人签章 年　月　日

（贴粘单处）

北京中融安全印务公司·2012年印制

凭证 60

工资结算汇总表

2012 年 12 月份

单位：元

车间、部门		基本工资	综合奖金	津贴	应付工资	代扣款项	实发工资
						个人所得税	
车间生产人员	生产Ⅰ型产品	33 000.00	9 100.00	5 900.00	48 000.00	—	48 000.00
	生产Ⅱ型产品	35 600.00	9 480.00	6 920.00	52 000.00	—	52 000.00
	生产人员工资小计	68 600.00	18 580.00	12 820.00	100 000.00	—	100 000.00
车间管理人员和技术人员		11 800.00	5 890.00	2 310.00	20 000.00	—	20 000.00
企业管理人员		16 300.00	11 320.00	2 380.00	30 000.00	—	30 000.00
合计		96 700.00	35 790.00	17 510.00	150 000.00	0.00	150 000.00

制表：王红　　审核：李明　　批准：李顺

凭证 61

2012 年 12 月计提公司经费明细表

2012 年 12 月份

单位：元

工资合计（150 000.00）	职工福利	工会经费	职工教育经费	医疗保险	失业保险	社会养老保险	住房公积金
计提比例	（14%）	（2%）	（1.5%）	（10%）	（2%）	（12%）	（8.5%）
计提金额	21 000.00	3 000.00	2 250.00	15 000.00	3 000.00	18 000.00	12 750.00

制表：王红　　审核：李明　　批准：李顺

凭证 62

ICBC 中国工商银行 WY 09991323

网银打印代理网点号：0066　　收报日期：20121231

业务类型：网上银行付款指令　　业务编号：HEZ331207217-C/C 201212310000688

付款人账号：02000066000008888888	收款人账号：
付款人户名：北京市欣羽空调有限公司	收款人户名：
付款人所在地：北京	收款人所在地：
付款人开户行：工行开阳路支行	收款人开户行：

大写金额：人民币壹拾伍万元整

小写金额：RMB150,000.00

业务处理状态：联机已记帐　　付款方式：普通

用途：工资　　提交人：YYJDJB01.c.0200　授权人：YYJDSQ01.c.0200

备注：

柜员号：020014111　打印：　会计主管：　记账：　复核：

第二联 客户留存

凭证 63

固定资产折旧计算表

2012 年 12 月 31 日　　单位：元

使用单位部门	上月固定资产折旧额	上月增加固定资产应计提折旧额	上月减少固定资产应计提折旧额	本月应计提的折旧额
管理部门	80 000.00	20 000.00		20 000.00
生产部门	920 000.00	100 000.00		100 000.00
合计	1 000 000.00	120 000.00		120 000.00

主管：　　审核：

凭证 64

制造费用分配表

2012 年 12 月

产品名称	分配率	应分配金额
Ⅰ型单冷空调	48%	
Ⅱ型冷暖空调	52%	
合计	—	